I0213737

LES MUSICIENS CÉLÈBRES

BEETHOVEN

PAR

VINCENT D'INDY

BIOGRAPHIE CRITIQUE
ILLUSTRÉE DE QUATORZE REPRODUCTIONS HORS TEXTE

Travis & Emery

Vincent d'Indy

Beethoven

Biographie Critique.

First published, Paris 1911.

Republished Travis & Emery 2009.

Published by
Travis & Emery Music Bookshop
17 Cecil Court, London, WC2N 4EZ, United Kingdom.
(+44) 20 7240 2129
neworders@travis-and-emery.com

Hardback: 978-1-906857-73-8 Paperback: 978-1-906857-74-5

Paul Marie Théodore Vincent d'Indy (1851-1931), était un compositeur et enseignant. Il a d'abord étudié le droit et ensuite la composition musicale. Il fut l'élève de César Franck au Conservatioire de Paris. Il a fondé la Schola Cantorum avec Alexandre Guilmant et Charles Bordes en 1894.

Plus de détails sont disponibles à partir de
- Stanley Sadie: The New Grove Dictionary of Music and Musicians.
- http://fr.wikipedia.org/wiki/Vincent_d'Indy
- http://en.wikipedia.org/wiki/Vincent_d'Indy

Pour en savoir plus:
- Joseph Canteloube: Biographie
- Norman Demuth: Vincent d'Indy: Champion of Classicism (1951)
- Vincent d'Indy: Ma Vie. Journal de Jeunesse. (2001)
- Manuela Schwartz: Vincent d'Indy et Son Temps (2006)
- Andrew Thomson: Vincent d'Indy and His World (1996)
- Robert Trumble: Vincent d'Indy: His Greatness and Integrity (1994)

Livres écrits par Vincent d'Indy:
- Cours de composition musicale (1903-1905)
- César Franck (Réimpression, Travis & Emery 2009)
- Beethoven. (Réimpression, Travis & Emery 2009)

© Travis & Emery 2009.

LES MUSICIENS CÉLÈBRES

BEETHOVEN

LES MUSICIENS CÉLÈBRES

COLLECTION D'ENSEIGNEMENT ET DE VULGARISATION

Placée sous le Haut Patronage de l'Administration des Beaux-Arts

DIRECTEUR : M. ÉLIE POIRÉE,

Conservateur Adjoint à la Bibliothèque Sainte-Geneviève.

Parus :

Auber, par Ch. MALHERBE.

Berlioz, par Arthur COQUARD.

Beethoven, par Vincent d'INDY.

Bizet, par Henry GAUTHIER-VILLARS.

Boieldieu, par Lucien AUGÉ DE LASSUS.

Chopin, par Elie POIRÉE.

Félicien David, par René BRANCOUR.

Glinka, par M. D. CALVOCORESSI.

Gluck, par Jean d'UDINE.

Gounod, par P.-L. HILLEMACHER.

Grétry, par Henri de CURZON.

Hérold, par Arthur POUGIN.

La Musique Chinoise, par Louis LALOY

La Musique des Troubadours, par Jean BECK.

Liszt, par M.-D. CALVOCORESSI.

Lully, par Henri PRUNIÈRES.

Mendelssohn, par P. de STOECKLIN.

Meyerbeer, par Henri DE CURZON.

Mozart, par Camille BELLAIGUE.

Paganini, par J.-G. PROD'HOMME.

Rameau, par Lionel de la LAURENCIE.

Reyer, par Adolphe JULLIEN.

Rossini, par Lionel DAURIAC.

Schubert, par L.-A. BOURGAULT-DUCOUDRAY.

Schumann, par Camille MAUCLAIR.

Verdi, par Camille BELLAIGUE.

Weber, par Georges SERVIÈRES.

ÉVREUX, IMPRIMERIE CH. HÉRISSEY, P. HÉRISSEY, SUCCr

LES MUSICIENS CÉLÈBRES

BEETHOVEN

PAR

VINCENT D'INDY

BIOGRAPHIE CRITIQUE
ILLUSTRÉE DE QUATORZE REPRODUCTIONS HORS TEXTE

PARIS

LIBRAIRIE RENOUARD

HENRI LAURENS, ÉDITEUR

6, RUE DE TOURNON (VIᵉ)

Tous droits de traduction, de reproduction et d'adaptation
réservés pour tous pays.

Copyright by Henri Laurens. Paris, 1911.

LUDWIG VAN BEETHOVEN

INTRODUCTION

Il faut n'avoir jamais vécu dans l'intimité de l'art beethovénien pour oser prétendre que l'œuvre du génie de la symphonie se présente d'un seul tenant, sans qu'on y distingue aucune modification essentielle au cours d'une carrière s'ouvrant par quelques variations insignifiantes pour se fermer sur les cinq derniers quatuors.

On ne trouve à citer, à l'appui de l'opinion qui voudrait supprimer les divisions, cependant si tranchées, de la production beethovénienne, qu'une lettre de F. Liszt au conseiller Guillaume de Lenz, le premier promoteur des *trois styles.* Dans cette lettre, le célèbre virtuose, après avoir décrété tout d'abord l'œuvre de Beethoven un et indivisible, en vient, à la fin, à diviser lui-même cet œuvre en deux catégories au lieu de trois, répartition tout à fait arbitraire et illogique. A tous ceux qui ont connu l'auteur de la *Faust-Sinfonie* et sa finesse d'appréciation, cette lettre donnera l'impression d'une simple boutade, peut-être même d'une de ces solennelles mystifications qu'en bon romantique il

avait coutume d'écrire ou de débiter avec la plus grande
emphase pour l'étonnement du lecteur ou de l'auditeur,
et dont il riait ensuite, dans l'intimité. En tout cas,
si tel était son sentiment en 1852, il professait, vingt
ans plus tard, l'opinion diamétralement opposée,
quand nous eûmes l'honneur de vivre auprès de lui
à Weimar, et qu'il émettait devant nous de si judi-
cieuses remarques au sujet des *trois Beethoven : l'enfant,
l'homme et le dieu.* Nul critique sérieux ne voudra
donc attacher au document en question plus d'importance qu'aux dogmatiques déclamations des wagné-
risants, édictant, aux environs de l'année 1890, l'absolue identité artistique de *Parsifal, Tannhaüser* et...
Rienzi.

Il paraît certain que la carrière de tout artiste créateur
dont la vie atteint une durée normale se divise en trois
périodes diversifiées entre elles par le caractère des
œuvres : imitation, transition, réflexion.

Dans la première période, après avoir étudié plus ou
moins longuement les règles et procédés traditionnels
du métier, l'artiste imitera... A cette loi n'a échappé
aucun des grands pionniers de la poésie, de la peinture ou de la musique, pas plus un Alighieri qu'un
Molière, pas plus un Gozzoli qu'un Rembrandt, pas
plus un Bach qu'un Wagner. Devant elle tombe la
trop commode théorie des génies *autodidactes,* théorie dont, il faut l'avouer, l'histoire de l'Art n'offre pas
d'exemple.

Après cette période d'imitation dont la durée est
variable selon les producteurs (chez Beethoven, elle
occupe huit ans de sa vie), le jeune artiste se libé-
rera peu à peu des lisières d'antan. Il cherchera à

marcher seul. Alors, prenant plus vivement conscience des mouvements joyeux ou douloureux de son âme, c'est lui-même qu'il voudra, non sans hésitations et sans tâtonnements, exprimer dans son art.

Chez les uns, comme Bach ou Haydn, ce sera la tranquillité de l'âme croyante (*allemande* de la 4° partita pour clavecin de Bach), ou encore la gaieté saine voisine de l'espièglerie (finales de Haydn). Chez d'autres : Beethoven par exemple, ce sera la passion douloureuse ou le sentiment du calme champêtre ; chez tous, ce sera l'essai d'extériorisation par l'œuvre des sentiments créés dans l'âme par les événements de la vie. Période plus particulièrement humaine, à proprement parler, période où le procédé extérieur, l'exécution tient une large place, période de transition où se prépare pour l'artiste l'éclosion définitive de sa personnalité.

A cette manière semblent appartenir, pour ne citer que quelques œuvres, le *Convivio* de Dante, la *Ronde de nuit* de Rembrandt, les *Concerts de chambre* de Bach, *Tristan* de R. Wagner.

Et enfin, lorsque l'homme de génie, las d'exprimer ses propres joies et ses propres peines, dédaigneux ou peu soucieux des ambiances, saura condenser en luimême son incessante aspiration vers la pure beauté, ce sera l'instant, pour les très grands, de la transformation suprême, l'instant des œuvres d'Art pur, de Foi et d'Amour.

Telles : la *Commedia* de Dante, les fresques de la *Chapelle de Nicolas V* de Fra Angelico, les *Syndics* de Rembrandt, la *Messe en si mineur* de Bach, *Parsifal* de Richard Wagner.

Nous venons d'esquisser l'histoire de la vie productrice de presque tous, pour ne pas dire de tous les hommes dignes d'être appelés des génies artistiques. Il n'en est aucun chez qui, mieux que chez Beethoven, on puisse, par l'étude de l'œuvre, suivre, pour ainsi dire pas à pas, ces diverses transformations. De cette étude, forcément restreinte à l'examen des œuvres les plus caractéristiques, nous ferons l'objet des pages qui suivent.

PREMIÈRE PÉRIODE

JUSQU'A 1801

I

LA VIE

A Bonn, c'était fête ce soir là au numéro 934 de la petite rue qu'on appelle *Rheingasse* (rue du Rhin). Au logis des Beethoven, on célébrait la Sainte-Madeleine en l'honneur de la maîtresse de la maison, née Madeleine Kewerich, et bon nombre de musiciens de la chapelle électorale s'étaient donné rendez-vous chez le ténor de la Cour, leur camarade Johann van Beethoven, pour l'aider à régaler ses invités d'un peu de musique entremêlée de saucisses grillées, de rafraîchissements et de gais propos.

Dans la chambre d'honneur on a disposé un clavecin et des pupitres. Sous le baldaquin garni de feuillages où va prendre place Mᵐᵉ van Beethoven apparaît dans un cadre doré le portrait du *Capellmeister* Ludwig van Beethoven, le dieu lare de la maison, l'homme illustre de la famille[1].

[1] C'est par lui que les Beethoven se rattachent à cette patrie néerlandaise d'où les a tirés la fantaisie d'un Mécène ecclésiastique, Clément-Auguste, prince électeur de Cologne. Le Capellmeister Ludwig, né à Anvers en 1712, était le descendant d'une lignée d'artistes parmi lesquels on comptait des peintres et des sculpteurs.

Radoux, le portraitiste de la Cour, l'a représenté de grandeur naturelle, vêtu de fourrure avec un pardessus à brandebourgs, assis dans un fauteuil, un bonnet de velours à gland d'or sur la tête, un rouleau de musique à la main, sous l'aspect d'un petit homme au front large, aux yeux vifs, au teint basané.

Au clavecin, voici un autre Ludwig. C'est l'aîné de ses petits enfants, un bambin de huit ans à peine (il est né le 16 décembre 1770) qui s'apprête à jouer une sonate de Mozart ou de Ph.-Emmanuel Bach sous les yeux bienveillants des musiciens de sa corporation, les Reicha, les Ries, les Romberg, les Simrock, l'acteur Lux, etc. Son corps chétif, ses courtes jambes semblent supporter avec peine une énorme tête qu'on dirait descendue du portrait rajeuni. Lui aussi a les cheveux noirs et le teint basané qui lui vaudront le sobriquet de *l'espagnol*. Ses précoces dispositions promettent déjà un nouvel anneau à la chaîne ininterrompue des *Capellmeister*.

A côté, le regardant avec tendresse, voici Mme van Beethoven, jeune et belle encore malgré ses traits fatigués. Issue d'honorable souche bourgeoise, fille d'un premier maître-queux, fonctionnaire de la maison du Prince-électeur, cette excellente ménagère, qui est en même temps une femme distinguée, « sait parler comme il sied aux plus humbles et aux plus grands personnages ». Elle est l'idole des trois petits garçons, Louis, Charles et Jean, et, bien que son mari ait hérité du côté maternel un goût exagéré pour le jus de ses vignes rhénanes, aucune dispute n'a troublé l'harmonie du ménage. Plus tard, quand elle mourra phtisique, le père tombera, désemparé, et dans une lettre célèbre, le

jeune Louis épanchera la première affliction de son
cœur, de ce « cœur où tout résonne [1] ».

Dans un coin de la chambre, un moine porte la plus
grande attention au concert de famille. C'est un organiste, le Père Hanzmann, qui ne manque jamais d'y
assister. Lui et le frère franciscain Willibald Koch se
partageront l'honneur d'avoir été les premiers maîtres
d'orgue de Beethoven.

Enfin, par derrière, un grand bel homme au visage
allongé, au regard un peu sévère, une perruque poudrée
sur la tête. C'est le père.

Voilà le tableau que nous a laissé le bonhomme
Fischer [2], boulanger de la famille et fournisseur de la
corporation des musiciens, qui, en cette qualité, était
parfois invité à se joindre aux amis. Tableau bien différent, on l'avouera, de celui que nous ont présenté des
romantiques un peu trop atteints de la passion du
malheur. Au lieu d'un Beethoven rudoyé, battu, toujours en larmes, on voit un enfant énergiquement poussé
au travail par son père qui reconnaissait ses grandes
facultés et qui, par un orgueil bien pardonnable, le pro-
duisait dans un concert en le rajeunissant.

C'était, à la vérité, un enfant rêveur; les voisins qui
venaient l'écouter sous la fenêtre avaient pu le voir
souvent, perdu dans la contemplation du grand Rhin
et des Sept-Montagnes. Mais, à part cela, il avait le
loisir et le goût des jeux de son âge, décrochant les

---

[1] Tous les passages contenus entre guillemets sont des citations
authentiques de paroles ou d'écrits de Beethoven, sauf indication d'une
autre provenance.

[2] Voy. le manuscrit de Fischer, au *Beethovenhaus* de Bonn, et Thayer-
Deiters, t. I, 2e éd., p. 117-125, et Sup., VII, p. 415-448.

volets de son propriétaire pour les faire grincer, maraudant les œufs de la mère Fischer, — (« Je ne suis qu'un « *croque-notes,* » lui répondait-il en riant, lorsqu'elle l'accusait d'être un *croque-œufs*) — courant, pendant les vacances, dans sa chère campagne et attrapant, deci, delà, quelques pâtés de grives dont les curés du voisinage le régalaient en récompense d'une improvisation sur l'orgue.

Ses premiers professeurs furent : son cousin, le pieux Rovantini, la douceur même, Pfeiffer, dont les prétendus mauvais traitements ne laissèrent pas d'aigreur dans l'âme de son élève puisque celui-ci n'hésitait pas, quelques années plus tard, à secourir son vieux maître tombé dans la misère, enfin Neefe, l'organiste de la Cour, qui avait fait du petit virtuose, du *jeune amateur âgé de douze ans,* son suppléant à la chapelle électorale. Grâce à ce dernier, Beethoven sera bientôt titulaire d'un emploi de 150 florins. Quelle fierté alors pour le père, de conduire le dimanche, à travers les rues de Bonn, ce petit bonhomme en costume de gala : frac vert d'eau, veste de soie brodée aux grandes poches galonnées d'or, jabot qui l'engonce et perruque bien lissée sous laquelle sa chevelure rebelle a tant de peine à se tenir tranquille.

Quelle satisfaction d'entendre Ludwig improviser audacieusement sur le thème du *Credo* et s'amuser parfois à faire détonner un célèbre chanteur dans les lamentations de Jérémie, à la grande joie de ses camarades !

Aussi le jeune homme restera-t-il toujours reconnaissant à son véritable initiateur dans l'art musical, ce Neefe, esprit cultivé, philosophe à ses heures, mais surtout clairvoyant pédagogue. « Si jamais je deviens

SILHOUETTE DE BEETHOVEN ENFANT
(1786)

L'ORGUE DES MINIMES DE BONN
sur lequel Beethoven fit son apprentissage d'organiste.
(Musée Beethoven, à Bonn.)

« quelqu'un », lui écrivait-il, « c'est à vous que je le
« devrai. »

Neefe a fait passer sous les yeux du futur compositeur tout ce dont sa bibliothèque musicale est large-
ment pourvue, œuvres allemandes, françaises, ita-
liennes. Mais, à l'étude théorique des formes, il veut
que Ludwig joigne la pratique ; c'est le *Clavecin bien
tempéré*, dont il lui fait jouer les préludes et fugues dès
l'âge de treize ans ; c'est l'accompagnement sur la basse
des partitions d'opéras qu'il lui confie en qualité de
répétiteur au *cembalo ;* c'est l'emploi d'altiste à l'orchestre auquel il le fait nommer et dont Beethoven
retirera sa profonde connaissance de l'instrumentation.

Si la formation artistique du jeune musicien se déve-
loppait rapidement à ce contact, le milieu qu'il fré-
quentait obligatoirement aurait peut-être pu gâter son
esprit et son cœur ; mais, comme le dit de Lenz : « Dieu
veillait sur l'âme à laquelle il avait confié de conter un
jour aux hommes la Symphonie pastorale. »

Voyez, sous les tilleuls de la place de l'Église, cette
grande maison entourée d'une grille à laquelle grim-
pent des rosiers. Derrière les blancs rideaux de mous-
seline habitent la paix et le bien-être ; c'est la maison
familiale des Breuning. Elle deviendra maternelle pour
Beethoven, maintenant qu'il connaît le malheur.

Nous sommes en 1787 ; Mme van Beethoven est
morte, le père, livré par le chagrin à son malheureux
penchant, ne peut plus être un guide pour le jeune
Ludwig. Celui-ci va retrouver dans cette maison
comme une vision du passé. On y fait de la musique,
mais aussi de la littérature et de la philosophie, sous
l'œil grave de la veuve de l'archiviste von Breuning.

« Ce fut mon ange gardien », écrira plus tard Beethoven.
Son ami Wegeler, le futur époux d'Éléonore, l'a intro-
duit dans cet intérieur dont il va devenir l'hôte assidu ;
la petite Éléonore se plait à écrire des vers lorsqu'elle ne
brode pas sous la lampe, tandis que ses oncles, les cha-
noines Lorenz et Philip, lisent Klopstock aux jeunes
gens, en attendant que violon et clavecin entrent en
scène.

Combien le cœur du pauvre orphelin se réchauffe
auprès de ces natures distinguées qui, de suite, l'ont
compris et l'ont aimé, sans toutefois le flatter ! « Madame
« de Breuning », dira un jour Beethoven, « sut écarter
« du bourgeon les insectes malfaisants ». Elle lui parlait
travail et modestie tandis que les jeunes enfants con-
tribuaient à donner au musicien ce vernis d'éducation
qu'on peut observer dans ses lettres aux princes.

Il avait déjà, dans la ville de Bonn, où les leçons de
son père étaient appréciées, toute l'aristocratique clien-
tèle de celui-ci, les Hatzfeld, les Honrath, les Westerholdt ; mais voilà qu'une chance inespérée lui fait ren-
contrer ici celui qui devait donner un élan définitif à sa
vocation.

Le comte Waldstein, invité des Breuning, se trouvait,
par une similitude d'âge et de goûts, tout porté à se
lier d'amitié avec l'artiste. Il avait été frappé de la façon
dont le jeune homme savait faire, au clavecin, des
portraits musicaux, récréation en honneur chez les
Breuning à l'égal des découpures en ombres chinoises.
Il avait admiré le jeu expressif du jeune Ludwig et sa
façon particulière d'attaquer le clavier. Il tint à lui
offrir son premier piano à queue, et les visites du charmant grand seigneur dans la modeste chambre de la

Wenzelgasse comptèrent parmi les meilleurs souvenirs de Beethoven à Bonn.

Par toutes ces relations, le renom du jeune homme s'étend et se fortifie ; on commence à parler des concerts qu'il donne à la Cour. Waldstein lui a commandé la musique d'un *ballet chevaleresque* et des variations sur un thème de son cru. Beethoven compose des cantates à l'occasion de la mort et de l'avènement des empereurs d'Autriche, frères de son Prince-évêque. Max Franz, Mécène des artistes comme l'avait été sa sœur Marie-Antoinette, s'intéresse de plus en plus à l'astre naissant ; Mozart n'a-t-il pas dit de lui : « Vous entendrez parler de ce gaillard-là » ? Et le « papa Haydn », passant à Bonn à son retour d'Angleterre, ne s'est-il pas étonné de le voir encore en province, loin des conseils des maîtres ?

Aussi, sur les instances de Neefe et de Waldstein, le Prince-électeur se décide-t-il à se priver des services de son concertiste favori et à l'envoyer, à ses frais, compléter ses études à Vienne, auprès de Haydn.

Grande rumeur dans la petite ville : son grand homme va la quitter ! C'est à qui apportera au bon Beethoven un souvenir, un dessin, un mot pour son *album*. Chacun, jusqu'au sacristain de la chapelle électorale, tient à figurer sur cette précieuse liste d'amis.

Entre temps, Waldstein a nanti son protégé de nombreuses recommandations et s'est employé à lui ouvrir les salons de la haute aristocratie viennoise, des Fries, des Liechtenstein, des Schwarzenberg. On verra bientôt Beethoven admis dans l'intimité du prince Lichnowsky, avec une pension de 600 florins et un domestique qui a ordre d'obéir à son coup de sonnette plutôt qu'à celui du prince. On assistera à ses ébats sportifs sur le cheval que lui a offert le général de Browne ; une comtesse de Thun, mère des « trois grâces », se mettra à ses genoux pour le décider à s'asseoir au piano ; on excusera ses brusqueries qui lui font casser des faïences ou estropier des meubles ; le baron Pasqualati, dont il devait chanter si splendidement la douleur, supportera ses caprices de locataire : percements de murailles, ablutions désastreuses pour les parquets. Beethoven aura des villégiatures d'été, il s'y transportera à grands frais avec son piano à queue et toutes sortes d'objets encombrants comme cages à poulets, etc. L'impératrice, à qui il dédiera son *Septuor*, assistera à ses concerts ; il deviendra enfin le commensal de l'archiduc Charles, le professeur et l'ami du plus jeune frère de l'Empereur, le « cher petit archiduc » Rodolphe.

Mais, pour le moment, notre héros transplanté à Vienne, n'en est pas encore là ; il figure un peu le grand homme de province dans la capitale, tel, Lucien de Rubempré, avec, hélas ! la beauté en moins. Il est toujours aussi ébouriffé. Sa petite taille, sa figure rougeaude, grêlée, son air bourru, son accent des bords du Rhin qui fait sourire, sa mise négligée, arrachent à son ancienne camarade de Bonn, l'actrice Magdalena Willmann, ce cri du cœur : « Je ne veux pas l'épouser, il est trop laid et à demi toqué ! »

N'étaient ses yeux, dont l'expression inoubliable illumine son visage, l'homme n'aurait, certes, rien de séduisant. Cependant, il suffit de le connaître pour l'aimer ; sa brusquerie cache un cœur d'or. Après la mort de son père, il aidera ses frères à se caser, l'un comme fonctionnaire à Vienne, l'autre comme phar-

macien ; un pauvre diable de musicien vient-il à tomber
dans la misère, Beethoven sera là, la main ouverte ;
même il trouvera le temps de donner des leçons au fils
de Franz Ries, le vieil ami de sa famille.

Depuis son arrivée à Vienne, Beethoven, redevenu
écolier, n'a pas chômé. De 1792 à 1796, il a approfondi
la fugue avec Albrechtsberger, ce contrepoint à face
humaine, et perpétré nombre de « squelettes musicaux » ;
il a étudié avec Salieri les lois de la déclamation, a
appris de Förster l'art d'écrire un quatuor et de Haydn
celui de composer.

Que pareille discipline ait mis à l'épreuve l'amour-
propre du jeune homme que Haydn appelait en riant
son *grand Mogol*, on n'en saurait douter, mais le futur
auteur des neuf symphonies pouvait-il méconnaître la
nécessité de solides études techniques ?

Aussi l'élève se montre-t-il assidu aux leçons de ses
maîtres : « Est-ce permis ? » écrit-il en marge d'un de
ses devoirs, et, sur la table de Salieri, il trace cette
inscription : « L'élève Beethoven a passé ici. »

Au surplus, ses études lui coûtent assez cher ; il
paie ses maîtres, et, à Vienne, la vie n'est pas pour
rien.

Il donnera donc des leçons pour vivre ; on le verra
loger tantôt sous les toits, tantôt sur la cour.

En réalité, on ne connaît guère en lui que le virtuose ;
et pourtant, malgré ses tournées triomphales à Prague,
à Pesth, à Berlin d'où il a rapporté une tabatière en
or, cadeau du roi de Prusse, malgré l'effroi qu'inspire
à ses rivaux son prodigieux talent de pianiste : « C'est
un démon », disait l'abbé Gélinek, « il nous fera mordre
la poussière à tous ! » malgré tout cela, on cause, on rit,

BEETHOVEN A 26 ANS (1796)
Dessin de *Stainhauser*.
Gravé par Neidl pour l'éditeur Artaria.

on remue des tasses, on fait du bruit dans les salons où
il joue...

« Le lion n'a pas encore fait trembler les barreaux
de sa cage [1]. »

II

LA MUSIQUE

1re période (Imitation).

Si, pendant ces premières années d'études sérieuses
sous la direction de bons maîtres viennois, Beethoven
se recueille, écrit peu et se contente de préparer, combien longuement, l'éclosion de son *œuvre 1*, il ne faudrait pas croire que ses années de séjour à Bonn aient
été improductives. Comme Dittersdorf, comme Mozart,
comme presque tous les musiciens de son époque,
Beethoven avait commencé de bonne heure à composer... sans savoir composer. Depuis les *Variations* sur
une marche de Dressler qu'il écrivait à douze ans,
jusqu'à celles à quatre mains sur un thème du comte
Waldstein qui précèdent immédiatement l'*op. 1*, il
avait élaboré de nombreuses compositions. Veut-on
savoir le nombre, à peu près exact, des morceaux
écrits par lui pendant cette période d'études primaires?
Il s'élève au chiffre respectable de *quarante-neuf*. On y
rencontre trois pièces pour orgue, onze pour clavecin ou
piano, dix-sept pour divers instruments ou pour musique
de chambre, trois concertos inachevés, un ballet, deux
cantates et treize *lieder*. Mais, tandis que, de notre temps,
beaucoup de jeunes artistes, s'émerveillant de leur pre-

---

[1] G. de Lenz : *Beethoven et ses trois styles.*

mier tableau, de leur premier roman ou de leur première
symphonie, n'ont de cesse que ces essais ne soient
exposés, imprimés ou gravés, Beethoven n'attacha nulle
importance à cette production de dix années. A part les
trois sonates pour piano, les premières variations et un
lied, composés pour une Gazette musicale, en 1782-1783,
et publiés dans ce journal : les *Blumenlese* de Speeler,
il ne voulut laisser graver alors aucun de ces essais, et,
si nous trouvons quelques-uns de ces péchés de jeunesse portant des numéros d'œuvre, c'est qu'ils lui
servirent, beaucoup plus tard, à calmer l'impatience
d'éditeurs exigeants [1].

Beethoven avait donc achevé ses études complémen-
taires quand il se décida à écrire : *Opus I* sur le manuscrit des trois trios commandés par le prince Lichnowsky
et si péniblement élaborés au cours de 1793 et de 1794.
C'est bien, en effet, de cette vingt-troisième année de
sa vie que l'on peut faire dater son entrée définitive
dans la carrière de compositeur. La période dont nous
nous occupons, et qui s'étend de 1793 à 1801, comprend
environ quatre-vingts œuvres : vingt sonates pour piano,
ou violon, ou violoncelle, ou cor, huit trios pour piano et
instruments à cordes, six quatuors à cordes, une vingtaine
de pièces pour piano et divers instruments, deux recueils
de danses viennoises, la musique du ballet : *Prométhée,*
douze *lieder,* trois concertos pour piano, le *Grand septuor*
et la première symphonie.

Le fait de nommer cette première période : *période
d'imitation* se justifie sans peine, car on y rencontre

---

[1] Du vivant de Beethoven, 24 de ces œuvres furent éditées à diverses
époques, son frère Charles en vendit un certain nombre à son profit.
28 restèrent inédites.

couramment soit la préoccupation, soit la copie incons-
ciente de quelques œuvres contemporaines ou de la
génération précédente. Ne connaissant que peu ou mal
les grands ancêtres musicaux, Beethoven ne s'exerce
pas encore au style polyphonique qui nous vaudra plus
tard les derniers quatuors ; bien que familier avec les
pièces pour clavecin de Bach, il ne se risque pas à
écrire en style fugué comme il le fera dans sa troisième
manière ; virtuose par destination, il entend rester
virtuose et presque tout ce qui sort de sa plume est
conforme aux conventions des musiciens de son époque
à l'égard des virtuoses.

Il a, en effet, débuté dans la carrière artistique,
nous l'avons vu, comme pianiste et comme improvi-
sateur ; son talent sur le clavecin était renommé ; son
maître Neefe le considérait comme l'un des plus habiles
pianistes de l'Allemagne. Aussi, dès son arrivée à
Vienne, se prodigue-t-il dans les concerts privés ou
publics.

Il joue le 29 et le 30 novembre 1795 dans les concerts
de charité organisés par Haydn au profit des veuves
des victimes de la guerre ; il joue le 8 janvier 1796, au
concert de la Bolla, sous la direction de Haydn ; dans
une tournée en Allemagne, il improvise à la cour de
Berlin et se lie avec le prince Louis de Prusse ; il joue,
en 1797, au concert donné à Vienne par les frères
Romberg et au concert Schuppanzigh ; il joue, le 2 avril
1798 à un concert de la Cour impériale et concourt pour
l'exécution et l'improvisation avec le pianiste Wœlffl,
alors illustre, bien oublié aujourd'hui. Faut-il s'étonner
que ses premières compositions se ressentent de cette
manière de vivre et qu'il ait, durant cette période,

cherché l'effet extérieur et conventionnel plutôt que l'expression de son génie propre?

Quoi qu'il en soit, les musiciens dont l'influence se fait alors sentir dans l'œuvre de Beethoven sont au nombre de trois : Ch.-Ph.-Emmanuel Bach, Fr.-Wilhelm Rust et surtout Joseph Haydn.

Sa nature d'homme du nord ne le prédisposait nullement, comme un Mozart, par exemple, à se laisser dominer par le charme facile de la mélodie italienne, et rien, dans ses pièces pour piano, ne vient rappeler la manière des maîtres étrangers ; on n'y rencontre pas plus le style ornemental de Couperin que l'écriture originale de D. Scarlatti. Non, c'est de l'art de ses aînés immédiats, de ses presque contemporains allemands dont on le sent préoccupé.

Beethoven avait dix-huit ans lorsque Philippe-Emmanuel Bach mourut à Hambourg, et c'est dans les ouvrages didactiques du fils de Jean Sébastien qu'il apprit l'art du clavier. Concurremment avec le *Clavecin bien tempéré*, Neefe faisait connaître au jeune homme les *Sonates prussiennes* et les *Sonates wurtembergeoises*, alors fort répandues et qui avaient révélé la musique *moderne* à Haydn lui-même. Le même Neefe, qui avait des attaches à Dessau, où il retourna pour mourir, ne pouvait ignorer les œuvres de Fr.-W. Rust, et, bien qu'aucun document ne soit explicite à cet égard, il y a toute apparence qu'il dut faire exécuter par son élève, au moins les six premières sonates du maître de chapelle du prince d'Anhalt, gravées à Leipzig de 1775 à 1778, alors que Neefe était chef d'orchestre dans cette ville.

Quant à l'influence de Haydn, rien de moins surpre-

nant, car, consciemment ou non, tout élève assidu
emprunte toujours, à ses débuts, les procédés de son
maître.

C'est ici le lieu, — par simple devoir de justice — de
rectifier une opinion parfaitement erronée, qui, établie
sur un malentendu, a été propagée par un certain
nombre d'historiographes et dont G. de Lenz lui-
même n'est pas indemne. Il s'agit de la prétendue
jalousie de Haydn qui aurait, à dessein, négligé de
corriger des fautes dans les devoirs de son élève. De
là à affirmer que Haydn n'apprit rien à Beethoven, et
à conclure que celui-ci fut *autodidacte*, il n'y a qu'un
pas. Les critiques susdits se sont empressés de le
franchir, sans avoir l'air de se douter qu'ils se ren-
daient coupables à la fois d'une inexactitude et d'une
calomnie.

Supposer le vieil Haydn, à ce moment au faîte de la
gloire, capable d'une pareille vilenie, d'un pareil abus
de confiance vis-à-vis d'un jeune disciple, c'est méconnaître entièrement son caractère et le mettre en con-
tradiction avec les actes de toute sa vie.

De ce que Haydn laissait des fautes dans des devoirs de
contrepoint [1], il ne s'ensuit nullement qu'il n'ait pas été
pour le jeune garçon que lui avait adressé l'archevêque
Électeur un éducateur consciencieux et perspicace. On
ne doit pas perdre de vue que Haydn enseignait à
Beethoven la *composition*; or, si l'étude du contrepoint
est nécessaire pour se faire la main et apprendre à
écrire, elle n'a aucun rapport avec celle de la composition qui suppose l'élève sorti de tous les embarras

---

[1] Voy. les corrections de Haydn dans l'intéressant volume de Notte-
bohm *Beethoven's Studien*. Leipzig, 1873.

C. G. NEEFE
1748-1798
(Société des amis de la Musique, Vienne.)

J. G. ALBRECHTSBERGER
1736-1809
(Musée historique de Francfort-sur-Mein.)

F. J. HAYDN
1732-1809
(par Mansfeld.)

LES TROIS ÉDUCATEURS DE BEETHOVEN

d'école. Le rôle d'un maître de composition n'est pas de
corriger les fautes d'orthographe, il a bien autre chose
à faire avec l'esprit de son élève !

En ce qui regarde toutes ces études d'assouplisse-
ment, pourrait-on dire, depuis le contrepoint simple
jusqu'aux chinoiseries du double-chœur et de la double
fugue, Albrechtsberger se chargea d'instruire le jeune
Beethoven, mais l'enseignement que celui-ci tira des
leçons et des fécondes conversations avec Haydn fut,
pour le futur compositeur de la *Messe en ré*, autrement
profitable et précieux. Le « papa Haydn » lui apprit à
discerner, à disposer ses éléments musicaux de façon
logique, à *construire* , en un mot, ce qui est tout l'art
du compositeur; aussi Beethoven, malgré ce qu'en
peut dire F. Ries, toujours fort sujet à caution, garda-
t-il à son maître une profonde reconnaissance ; mille
détails sont là pour en témoigner. Il n'est pas jusqu'aux
salutaires conseils que Haydn donna à son élève au sujet
des trois premiers trios, qui n'aient été travestis et pré-
sentés comme des preuves de jalousie ou d'incom-
préhension. Flagrante injustice, en vérité, car Haydn
eut grandement raison de conseiller à Beethoven un
remaniement de ces premiers trios, beaucoup trop
touffus et mal équilibrés dans leur version primitive,
surtout le troisième en *ut mineur*, qui dut faire l'objet
d'une refonte complète. L'auteur des trios sut bien
reconnaître lui-même le service que lui avait rendu son
maître en cette circonstance ; causant, beaucoup plus
tard, avec le flûtiste Drouet : « Ces trios », disait-il,
« n'ont pas été gravés sous la forme dans laquelle je les
« avais primitivement écrits. Quand je relus mes
« manuscrits, je me demandai si je n'étais pas fou de

« rassembler en un seul morceau ce qui eût suffi à en
« défrayer vingt... A mes débuts, j'aurais commis
« en composition les plus grossières insanités, sans les
« bons conseils de *papa* Haydn et d'Albrechtsberger. »

Il est donc permis d'affirmer que Haydn fut pour
Beethoven un guide précieux dont les avis, recueillis
soit au cours d'une promenade, soit dans les longues
conversations tenues au café où l'élève offrait au
maître une tasse de chocolat (22 *kreutzer* pour les
deux tasses), ouvrirent l'esprit du jeune homme aux
grands problèmes de la composition, du plan tonal et
de l'architecture musicale.

Revenons maintenant aux influences qui transpa-
raissent dans la première manière du maître de Bonn.

On peut dire de ce premier Beethoven qu'il emprunte
à Ph.-Emmanuel Bach son *style* de piano, à W. Rust,
sa *pensée* créatrice, à Haydn, son impeccable *architecture*.

L'imitation du style d'Emmanuel Bach est surtout
frappante dans les premières œuvres. Le *largo* du
deuxième trio, *op. 1*, présente une distribution de nuances
et d'accents pareille à celle qu'avait coutume d'employer
le musicien du grand Frédéric; les sonates, *op. 2*, et
surtout la première, en *fa mineur*, rappellent, même
thématiquement, les *Sonates prussiennes*; le finale est
un parent bien proche, quoique plus affiné, de la
3ᵉ sonate (IIIᵉ livre) du recueil *pour les connaisseurs et
amateurs*. Et dans bien d'autres pièces, notamment
l'*op. 10*, n° *2*, on pourrait constater cette imitation.

Si l'on se reporte aux œuvres de Rust, ne reconnaît-
on pas sa manière de penser, et même d'exprimer sa pensée, dans la deuxième sonate pour piano de Beethoven ?

Enfin, pour abréger, le même sentiment poétique n'a-t-il pas dicté le dernier mouvement du VIe quatuor de Beethoven (1799) et le finale de la 8e sonate du musicien de Dessau ? Cette *Malinconia* interrompue par l'exposition d'un joyeux rondeau, puis reparaissant au milieu des ébats champêtres, n'est-elle pas pour ainsi dire calquée, au moins dans sa forme, sur la mélancolie (*Schwermuth*) de Rust, que vient compléter et consoler une pensée joyeuse (*Frohsinn*) à l'allure toute pastorale et presque beethovénienne ?

En ce qui regarde Haydn, l'imitation est de forme plus encore que de fond. On dirait que l'élève, pas très sûr de pouvoir marcher tout seul, emprunte la canne à pomme d'or de son maître, sans aller toutefois jusqu'à chausser les beaux souliers à boucles du père de la symphonie.

Beaucoup de caractères particuliers à la façon de construire de Haydn se retrouvent dans les œuvres de la jeunesse beethovénienne. C'est aux sonates et aux quatuors de la dernière manière de Haydn que Beethoven a pris cette constitution du *second thème* en trois éléments, en trois phrases distinctes mais inséparables l'une de l'autre.

Cette disposition ne se rencontre d'ordinaire ni chez Mozart, ni chez Clementi, ni chez leurs contemporains ; en revanche on l'observe déjà, quoique sous une forme rudimentaire, dans les *Sonates wurtembergeoises* d'Emmanuel Bach, dont Haydn fut le véritable continuateur.

Comme celui-ci, le jeune Beethoven aime les épisodes « piquants », les courtes excursions vers les tonalités éloignées de la principale ; il n'est pas jusqu'aux rythmes inusités, déplacements d'accents, si fréquents chez Beethoven qui ne soient employés de la même façon par le musicien des princes Esterhazy ; si le *scherzo* du premier quatuor à cordes, *op. 18,* nous paraît d'allure si originale grâce à son rythme que constitue une succession de mesures pouvant se chiffrer : 3, 3 et 2, ne voyons-nous pas, avec étonnement, dans l'*Abschied Sinfonie* de Haydn, un menuet non moins curieux dont le rythme périodique est établi par 4, 2, 3 et 3 mesures ?

A l'instar de son maître, Beethoven aime à traiter plusieurs fois, et de manière différente, le même thème musical : Menuet du Septuor *op. 20* et rondeau de l'*op. 49,* n° 2, et, plus tard : Air de ballet de *Prométhée* se répercutant dans des Variations, et devenant le finale de la 3ᵉ Symphonie.

Mieux encore, il emploie dans la sonate pour piano *op. 10,* n° 2, un propre thème de Haydn, celui de la sonate portant dans la plupart des éditions le numéro 58, et il affectionne cette mélodie au point de la replacer avec d'insignifiants changements, dans un certain nombre de ses compositions ultérieures et jusque dans la sonate *op. 110,* en 1821.

Il serait oiseux d'énumérer ici toutes les œuvres de Beethoven où reparaissent ces trois influences, même lorsque le maître est en pleine possession de son génie. Contentons-nous d'indiquer la Sonate *op. 57* dont les quatre notes fatidiques : *ré bémol, ré bémol, ré bémol, ut,* se rencontrent déjà dans la Sonate à Mᵐᵉ Genziger, de Haydn et dans la Sonate en *fa dièze* mineur de Rust ; un thème de la *Sonate wurtembergeoise* en *la bémol majeur* d'Emmanuel Bach est identiquement le même que celui du finale de la sonate *op. 27,* n° 2 (dite :

Clair de lune), enfin l'*adagio* de la sonate en *sol* pour violon et luth, de Rust, offre une ressemblance stupéfiante avec la mélodie du superbe *andante* qui forme le milieu du trio, *op. 97*, dédié à l'archiduc Rodolphe.

De tout ce qui précède, il n'est donc pas téméraire de conclure que cette époque de la carrière de Beethoven fut une époque d'*imitation*, non point servile, s'entend, car dans la plupart des œuvres importantes, un observateur perspicace pourra retrouver les caractères de ce qui fit plus tard la géniale originalité de Beethoven. A la vérité, ces envolées ne sont pas encore bien hardies et ne font présager que de très loin le formidable essor de la seconde et surtout de la troisième manière.

Avant de terminer ce chapitre, nous devons parler plus spécialement de quelques œuvres auxquelles alla un succès immédiat, ou qui formèrent l'esquisse de grandes conceptions postérieures.

1° : **Adélaïde**, lied sur un texte de Matthison, composé en 1796, édité en 1797. Chose curieuse, cette œuvrette, romance ni meilleure ni plus mauvaise que la plupart des innombrables romances de la même époque, contribua puissamment à faire connaître Beethoven dont les compositions sérieuses devaient rester longtemps presque ignorées. Le jeune élève de Neefe mit-il ce texte en musique avec la pensée ou le souvenir de quelqu'une des amourettes esquissées dans l'hospitalière demeure des Breuning ? L'inspiratrice de cette mélodie, fut-elle Jeannette de Honrath, fut-elle Wilhelmine de Westerholdt ? Il est difficile de se prononcer là-dessus. Mais cette *Adélaïde* passa très vite pour le cri de douleur d'un cœur blessé, pour la plainte suprême du pauvre amant appelant sa « belle » jusque dans les ténèbres de la tombe... La vogue de cette romance fut telle qu'en très peu de temps, on la publia sous *cinquante-deux* formes différentes !... Vingt-huit avec *piano-forte*, onze avec guitare, etc. ; et il en fut fait vingt et une transcriptions pour divers instruments dont *seize pour piano à quatre mains !*

Et cependant, on ne verra aucune difficulté à regarder ce morceau comme une des moins bonnes productions de Beethoven qui ne fut jamais l'homme du *lied*. Rien de vraiment expressif là-dedans ; c'est une romance de plus et voilà tout. C'est également une nouvelle preuve de cette ancienne vérité que le public de tous les temps réserve ses faveurs aux ouvrages médiocres, passant indifférent à côté de la vraie beauté.

2° : **La Sonate pathétique,** *op. 13* (1798). Encóre un agent actif de succès tant à l'époque où cette œuvre parut que dans la suite et jusqu'au troisième quart du xixᵉ siècle[1]. Même rôle dévolu au *Septuor* pour clarinette, basson, cor, violon, alto, violoncelle et contrebasse.

L'intérêt de la *sonate pathétique* ne réside pas tant dans la musique même que dans son architecture, assez spéciale et rare à cette époque. Un motif *cyclique* de quatre notes : *sol, ut, ré, mi bémol,* procède à la formation des trois morceaux de l'œuvre. Ce motif, aidé par les autres thèmes, entre en lutte dès le premier mouvement avec le dessin exposé dans l'introduction, lequel, perdant un membre à chaque épisode du combat, finit par s'avouer vaincu. Dans le finale, le motif victo-

[1] Voy. l'amusante fantaisie de G. de Lenz sur le rôle de cette sonate dans les pensionnats « et autres institutions où l'on n'apprend *pas* le piano » (*Beethoven et ses trois styles,* I, p. 134).

rieux (qu'il importe, dit de Lenz, « d'élever à une
expression pathétique ») reparaît allégrement pour
former le refrain du rondeau.

Si nous citons cette sonate, ce n'est pas qu'elle offre
une plus grande somme de beauté que ses congénères de la première époque, mais elle est le point de
départ de cette « lutte entre deux principes » dont
Beethoven affirmait déjà la nécessité vitale dans toute
construction sonore, et qu'il emploiera avec bien plus
de sûreté dans nombre d'œuvres subséquentes.

3° : Le Soupir d'un homme non aimé, lied sur des
paroles de Bürger (1796). Cette mélodie ne présente-
rait guère plus d'intérêt que l'Adélaïde citée précédemment, si le thème qui forme le sujet de la deuxième
partie intitulée Gegenliebe (amour partagé) n'était pas
identiquement celui dont Beethoven fit de nouveau
usage dans la Fantaisie pour piano, orchestre et chœurs
de 1808, qui, elle-même, n'est autre chose qu'une
esquisse assez primitive, à la vérité, mais curieuse par
cela même, du finale de la IXe symphonie. Ce thème
hanta donc, pendant près de trente années, l'esprit de
Beethoven, et toujours, nous le verrons, il y attache
cette même signification d'amour mutuel (Gegenliebe).

Pour en finir avec cette période, il est intéressant de
remarquer à quel point Beethoven, balbutiant encore,
poussa le consciencieux scrupule de son art. En 1794, il
reçoit, du comte Apponyi, la commande de trois quatuors
pour instruments à archets. Le quatuor à cordes, il faut
le dire, est l'une des formes de composition les plus difficiles et qui demande une grande maturité d'esprit et de
talent. Le jeune homme s'essaie, dès l'année suivante, à
s'acquitter de la dette contractée envers son noble pro-

tecteur; par deux fois, il tente de réaliser cette difficile composition : un quatuor à sonorités égales... Il n'y parvient pas... et il a l'honnêteté d'en convenir. C'est seulement quatre ans plus tard qu'il se décide à écrire les six quatuors Lobkowitz dont certaines formes rappellent celles employées par les K. Stamitz, les Cannabich et autres musiciens de second ordre de l'école de Mannheim. « A partir d'aujourd'hui seulement », déclare Beethoven à un ami, « je commence à savoir écrire un quatuor. »

Il usa de la même réserve à l'égard de la Symphonie. Bien que familiarisé, par ses études de jeunesse, avec le métier de l'instrumentation, ce ne fut que tardivement qu'il s'essaya à produire une symphonie; et encore ce premier essai, en dépit des émerveillements ou des protestations de ses contemporains au sujet de l'*étrangeté* de la première mesure, ne peut vraiment passer à nos yeux que pour une adroite imitation des dernières œuvres de Haydn en ce genre.

Et maintenant, quittons le Beethoven élève de génie, mais qui n'en est pas moins encore le *bon élève*, pour voir entrer en scène, avec l'année 1801, un Beethoven différent et absolument renouvelé.

Comment s'opéra cette transformation ? A quelles causes l'attribuer ? C'est ce que nous examinerons dans la partie musicale du prochain chapitre.

DEUXIÈME PÉRIODE

DE 1801 A 1815

III

LA VIE

On n'a pas assez rendu justice à la générosité dont usèrent, à l'endroit du jeune Beethoven, les grands seigneurs de Vienne. A elle seule, la famille Lichnowsky avait souscrit trente-deux exemplaires des trios, *op. 1*. Le prince Charles présidait aux études des ouvrages nouveaux. On raconte qu'à l'interminable répétition du *Christ au Mont des Oliviers*, il avait fait distribuer à profusion rafraîchissements et charcuterie aux musiciens et aux choristes, pour les engager à prendre patience. A l'occasion de *Fidelio*, grave affaire ; on avait comploté des coupures... La princesse, assise au piano, désignait les passages à sacrifier et s'efforçait de calmer Beethoven qui se fâchait tout rouge, refusant de lâcher tel air, se cramponnant à tel autre en dépit des bonnes intentions de ses amis qui voulaient avant tout le succès de l'œuvre.

Entre les matinées réglementaires du vendredi chez le prince, les *garden-parties* théâtrales du Dr Franck, les soirées de quatuor, le dimanche et le jeudi, chez Zizius ou chez Förster, et les soirées ordinaires du baron van

HOMMAGE DE NOUVEL AN

Adressé par Beethoven à la baronne Dorothée Ertmann
le 1er janvier 1804.

Swieten, Beethoven ne chômait guère. Chez le comte Rasoumowsky, marié à la seconde des « trois grâces », sœur de la princesse Lichnowsky, il trouvait de jeunes et ardents interprètes toujours prêts à essayer ses ouvrages « tout chauds, comme au sortir du four », et il aimait à recueillir les observations des gens du métier. C'étaient le gros Schuppanzigh, l'alto Weiss, tout en long, Linke, le violoncelliste boiteux, et son intérimaire amateur, le fameux « baron de la musique », Zmeskall de Domanowecz, petit homme roide aux cheveux blancs très drus, joyeux vivant qui servira de cible à d'innombrables calembours, l'innocente manie de Beethoven.

Dans les salons de Lobkowitz, le maître entendra pour la première fois un virtuose de neuf ans, le jeune archiduc Rodolphe dont l'existence devait être si étroitement unie à la sienne. Il y a, dans cette maison, une *chapelle* assez importante pour mériter la primeur d'une exécution de l'*Eroïca*, et un jour, un hôte de passage, le prince Ferdinand de Prusse, ne craindra pas de demander à l'orchestre deux exécutions consécutives de cette longue symphonie.

On voit, à tout prendre, que la légende de Beethoven méconnu des Viennois paraît peu justifiée.

Allons retrouver le musicien en une compagnie plus douce encore à son cœur, celle de ses élèves de piano. Arrêtons-nous un moment à l'hôtel des Arts, chez la comtesse Deym, née de Brunsvik, la belle *Pepi*, sœur cadette de la mélancolique Thérèse. Cette dernière a vingt-quatre ans, c'est une *intellectuelle*, un peu contrefaite, mais si littéraire et distinguée ! Toutes deux ont demandé des leçons au jeune et célèbre virtuose.

Leur frère Franz, violoncelliste, mélomane fanatique, deviendra bientôt son ami intime et les tilleuls du château de Màrton Vàsàr (qui chacun portaient le nom d'un ami) recevront plus d'une fois la visite de Beethoven.

Là, quelle exquise réunion de jeunes filles et de jeunes femmes ! C'est à qui courra après M. de Beethoven, à qui le prendra par la manche pour lui faire écrire quelques notes sur un album. A titre de revanche, il demandera galamment que les jolis doigts des suppliantes lui brodent un mouchoir ou un col. Au milieu de ce parterre brille, comme une rare fleur, Juliette Guicciardi, sa future élève. Fille d'une Brunsvik, la petite provinciale récemment arrivée de Trieste est peut-être la moins bien douée de la bande, mais si séduisante par sa coquetterie de méridionale !... Et voilà que Beethoven s'éprend, il fait des rêves ; la particule *van* aidant, ne pourrait-il prétendre à la main de la jeune patricienne ? L'écouta-t-elle ? On n'en a pour garant que cette lettre sur « la magique enfant qui m'aime et que « j'aime », où l'artiste dévoile son secret à un ami. Toujours est-il que les parents s'étant naturellement opposés à pareille mésalliance, on n'en parla plus. Juliette devint comtesse de Gallenberg.

Mais la blessure de Beethoven était cuisante. Vingt ans plus tard, racontant à Schindler les revers de fortune de Gallenberg et la visite que l'inconséquente Juliette lui avait rendue à ce propos, il se plaisait à répéter : « Qu'elle était belle encore ! » Comment se défendre d'une profonde pitié quand on lit, dans une lettre écrite la veille des noces de son rival, le 2 novembre 1803, ce cri de douleur contenue : « Ah ! qu'il est d'affreux « moments dans la vie,... mais il faut les accepter. »

L'épreuve morale était d'autant plus cruelle pour le musicien qu'elle s'ajoutait aux menaces d'une effroyable épreuve physique. Depuis 1796, Beethoven se sentait devenir sourd. A peine osait-il en parler à ses amis Wegeler et Amenda. « Comment alléguer la faiblesse « d'un sens qui devrait être chez moi plus parfait que les « autres ? » Il avait couru de spécialiste en spécialiste. Tour à tour, Vering, Franck, Schmidt, Bertolini, le Père Weiss lui avaient conseillé des bains froids, des bains tièdes, des vésicatoires, du galvanisme, des injections d'huile ou de thé... Rien n'y faisait. Bientôt il jettera le manche après la cognée : « Inutile de dissimuler désor- « mais, tout le monde le sait ; les artistes eux-mêmes s'en « sont aperçus. » Et on ne le verra plus que le cornet à la main.

Aujourd'hui, il sent plus durement sa misère, son isolement. Il va se cacher à Heiligenstadt, il veut mourir ; il écrit ce « testament » lamentable et romantique qu'on a un peu trop cité : « Comme les feuilles de l'automne « tombent et se flétrissent, ainsi — ainsi l'espérance « s'est desséchée pour moi ! » Ne croirait-on pas le voir dans l'attitude que lui a prêtée le peintre Mähler : l'air fatal, la main gauche posée sur une lyre, l'autre esquis- sant un rythme, et, comme fond de tableau, un temple d'Apollon ?...

Pauvre Beethoven ! Il te faudra souffrir beaucoup encore avant de « devenir philosophe » comme tu crois l'être. D'ailleurs, peut-on rester insensible au déchirement de son pays ? Voici le bruit des fanfares et des chevauchées ; les troupes défilent, le canon tonne dans la vallée du Danube. C'est encore l'invasion fran- çaise et, le soir, au cabaret, avec les amis Breuning et

Gleichenstein, tous deux employés au ministère de la guerre, on ne parle plus que manœuvres et batailles, Arcole, Hochstædt, Hohenlinden. La haine de l'envahisseur, vivace chez Beethoven, se traduit par d'amères saillies contre ces « gallo-francs, rebelles à la com-« préhension du vrai et du bien, inaptes à toute politique « sensée ». Cependant, Bernadotte, hôte assidu de la Cour impériale d'Autriche, où il s'entraîne déjà à son futur métier de roi, Bernadotte, le nouvel ambassadeur à qui l'a présenté Kreutzer, lui a fait bon accueil. Après les séances de musique à l'ambassade, Beethoven entend les récits de la campagne d'Égypte, les traits de génie de Bonaparte. Comment se défendrait-il d'admirer le grand homme, vivante évocation de ses chers héros grecs et romains ? Et, au souffle de cette atmosphère d'épopée, la troisième symphonie jaillit de son cerveau

Mais, au milieu des événements de chaque jour, Beethoven n'a pas cessé de rêver mariage et paisible bonheur conjugal. Il le prouvera en choisissant pour livret de son opéra, non point les féeries allemandes qu'on lui propose, mais le scénario un peu niais de l'excellent Bouilly, *Fidelio* ou *l'Amour conjugal*, déjà mis en musique par Gaveau et Paër. Florestan, l'objet du dévouement conjugal, qui incarne si bien les sentiments de l'honnête Beethoven, Florestan, le pauvre prisonnier persécuté par un méchant gouverneur, rendu à la liberté par un bon justicier, Florestan n'a rien de commun, on l'avouera, avec les peu intéressants pensionnaires de la Bastille auxquels on a osé l'assimiler, mais ses malheurs étaient de nature à émouvoir un public vibrant encore au souvenir des

geôles de la Terreur[1] et, en particulier, au souvenir de
la longue agonie qu'avait endurée, dans la prison du
Temple, la fille de Marie-Thérèse. *Fidelio* parut sur
l'affiche au moment où Austerlitz ouvrait à Napoléon
les portes de la capitale ; seuls, les officiers de l'armée
victorieuse en formèrent l'assistance et le succès pécuniaire en fut nul.

Heureusement pour Beethoven, des amitiés fidèles
veillaient sur lui. Entre lui et Breuning, dont il partageait le logement aux bords du rempart, les sujets de
brouille ne manquaient cependant pas, en raison de
leurs rapports journaliers. On se disputait, mais on
s'embrassait aussitôt : « Que derrière ce portrait, mon
« cher, mon bon Étienne, s'efface à jamais ce qui s'est
« passé entre nous ! » Pouvait-on, d'ailleurs, garder
rancune au bon Beethoven? Breuning occupait ses nuits
à arranger le livret de *Fidelio*, et, aidé des frères de
Beethoven, il essayait de voir clair dans la gestion des
finances, car, déjà à ce moment, le jeune compositeur
n'avait plus que l'embarras du choix pour ses éditeurs.
« Le prix que je demande, on me le paie », écrit-il,
« quelle joie de pouvoir ainsi obliger des amis nécessi-
teux ! »

Une autre amitié, féminine celle-là, allait s'employer
à le consoler des déceptions de l'amour. Elle s'incarnait
en une femme de vingt-cinq ans, jolie, frêle, entourée de
trois ravissants enfants, « Fritzi l'unique et les deux

---

[1] Dans *Mes récapitulations*, t. II. p. 81 (Paris, 1836), Bouilly, admi-
nistrateur du département d'Indre-et-Loire pendant la Terreur, déclare
avoir voulu célébrer dans sa pièce « l'héroïsme et le dévouement d'une
des dames de la Touraine dont j'avais eu le bonheur de seconder les
généreux efforts ». D'autres opéras à la mode, le *Porteur d'eau* de Che-
rubini, par exemple, développaient le même sujet.

Marie. » A demi paralysée depuis des années, un peu morte à ce qui n'était pas la musique, la comtesse Erdödy se transfigurait lorsqu'elle trouvait moyen de se traîner jusqu'à son piano. Beethoven avait licence de venir quand il voulait chez la grande dame hongroise, et, sous les ombrages magnifiques de Jedlersee, celle-ci avait fait bâtir en son honneur un temple rustique d'où on lançait des messages en vers « au premier-né d'Apollon, Majesté à la couronne de lauriers, etc. ». Elle était sa confidente, « son confesseur », dira-t-il plus tard. Elle allait devenir son conseil.

Vienne lui doit d'avoir conservé Beethoven.

Une série de mésaventures tombaient alors sur le pauvre musicien aigri, irrité sans motifs, disposé à voir partout des cabales. Un concert sur lequel il comptait beaucoup (22 décembre 1808), car il y présentait au public deux nouvelles merveilles, la Symphonie en *ut mineur* et la *Pastorale*, faillit provoquer son départ. Dans l'ardeur de sa mimique de chef d'orchestre, il a renversé les bougies du pupitre et manqué d'éborgner le garçon d'orchestre, à la grande liesse de l'auditoire. La première chanteuse lui fait faux bond, parce que, quelques jours avant, il a traité son fiancé « d'âne bâté » ; la seconde se choque de n'être choisie que comme doublure, une troisième perd la tête et bredouille au moment de l'exécution. Dans la salle, on grelotte de froid. Pour comble, une reprise manquée, dans la *Fantaisie avec chœurs*, entraîne le déraillement complet de l'orchestre et la fuite des auditeurs, alors que Beethoven, d'une voix de tonnerre, exige un *da capo*.

Après cela, il jugea que les Viennois méritaient une

leçon. Justement, une situation magnifique lui est pro-
posée : « 600 ducats en or, quelques concerts seulement
« à organiser, un orchestre à ma disposition et tous les
« loisirs pour composer de grandes œuvres. » L'eau lui
en vient à la bouche.

Pourtant, c'est le nouveau roi de Westphalie, Jérôme
Bonaparte, qui l'invite ainsi à venir à sa Cour.

Mme d'Erdödy a appris la nouvelle. En un clin d'œil,
elle a réuni chez elle tous ses amis pour aviser aux
moyens d'empêcher ce scandale : *leur* Beethoven réduit
à s'expatrier ! Mais il s'agit, tout en arrangeant les
choses, de ne pas alarmer la susceptibilité du grand
homme et de lui laisser l'espérance d'obtenir un jour
une situation officielle en Autriche, « son rêve le plus
cher », en vue d'un établissement matrimonial.....

D'un commun accord, les trois princes, Rodolphe,
Kinsky et Lobkowitz ont signé l'acte du 1er mars 1809
qui assure à Beethoven une rente annuelle de quatre
mille florins. Beethoven n'ira pas « goûter du jambon de
Westphalie », il s'en félicite, à bon droit, dans une lettre
à son ami Gleichenstein. Que fût-il, en effet, advenu de
lui, antisémite déclaré, au milieu du ghetto doré
qu'était alors la Cour de Cassel, dans ce décor où le
scandale des mœurs le disputait au gaspillage financier ?
La réponse nous est donnée par le baron de Trémont,
ce visiteur français qui nous a laissé de l'intérieur du
grand musicien une des plus vivantes descriptions qui
soient [1] : « Il n'y serait pas resté six mois. » Moins d'un

---

[1] Voy. le récit du baron de Trémont dans le *Guide musical* de
mars 1892. M. Michel Brenet avait mis au jour ce manuscrit de la
Bibliothèque nationale dix ans avant la soi-disant découverte commu-
niquée à la Revue : *die Musik* de 1902.

an après, la gabegie devenait telle qu'on ne payait plus les fonctionnaires.

Ne valait-il pas mieux souffrir avec la patrie ?

Si Beethoven a vécu les jours d'angoisse qui précédèrent le bombardement de Vienne, si les coups de canon lui brisent le cœur et le tympan, si au moment de Wagram, « *inter lacrymas et luctum* », ses chères rives du Danube, son *Prater* et ses glacis lui apparaissent dévastés et labourés par des travaux de campagne, s'il est privé, en 1809, de son « indispensable villégiature » d'été et de ses longues et fécondes promenades sur les pentes du Kahlenberg, il a du moins la consolation d'épancher librement les accents de sa foi patriotique dans la musique d'*Egmont*, dans les marches militaires dédiées à l'archiduc Antoine et de célébrer, par son admirable sonate *op. 81*, le retour de l'archiduc Rodolphe dans la capitale, présage de la « paix dorée ».

D'ailleurs, malgré les effroyables impôts de guerre qui pèsent sur son budget, le maître semble reprendre goût à la vie. Il se compose une figure aimable; on le voit se commander un habit, un chapeau, des chemises de batiste, un véritable trousseau. Il reparaît, « harnaché « de neuf », au *Prater* et au cabaret à la mode de l'*Homme sauvage*; il a train de maison, domestique en livrée ; et si Wegeler est surpris de lui voir réclamer, dare dare, un extrait de son acte de naissance, Zmeskall ne l'est pas moins de se voir chargé par Beethoven de l'achat d'un miroir !

Pour qui donc tous ces frais ? C'est qu'il est reçu, à la suite de son ami, le baron de Gleichenstein, dans un charmant intérieur qu'anime le rire de deux jeunes filles, Thérèse et Anna Malfatti. Cette dernière sera bientôt fiancée à Gleichenstein. Quant à Thérèse, vivant rayon de soleil, une brune au profil de médaille, elle voltige d'un sujet à l'autre et « traite tout dans la vie si légèrement » que Beethoven le lui reprochera, tout en sentant son cœur, avide de joie, touché au vif par cette « divine gaîté ». Ah ! s'il pouvait plaire, cette fois ! Il caresse et promène le petit chien *Gigons* ; il écrit de longues lettres qui sont presque des déclarations, où il prend à témoin les forêts, les arbres, les rochers : « Eux, « du moins, rendent l'écho que l'homme attend d'eux ! » — Mais, hélas ! Thérèse voulait être baronne, elle aussi, et tout le monde tombe de haut quand Beethoven découvre à son ami ses espérances de prétendant. Nouveau déboire, reproches amers à l'heureux fiancé d'Anna qui n'en pouvait mais ; et la chanson perpétuelle de l'évincé : « Pour toi, pauvre Beethoven, point de bon- « heur à attendre du dehors. Tu devras te créer toutes « choses en toi-même. Dans le monde idéal seulement, « tu trouveras qui t'aime ! » N'est-ce point déjà un pré- sage de la *troisième manière ?* Mais le voilà retombé dans le noir, de plus en plus obsédé par cette surdité dont le mur allait s'épaississant.

D'autant plus pitoyable aux peines des autres, il essaie de distraire avec sa musique la fille de l'illustre Birkenstock. Elle avait épousé un Brentano de Franc- fort et, depuis son mariage, elle était constamment malade. Comme Mme d'Erdödy, de jolis enfants l'entou- raient, et Beethoven, qui adore les enfants (rappelez- vous sa délicieuse lettre à la petite Émilie de H...), leur apporte des bonbons, compose un petit trio pour Maxi- milienne et lui promet pour plus tard une grande sonate. La maison était remplie d'objets d'art et de curiosités ;

Beethoven improvisait au bruit des flots du Danube qui lui arrivait par la fenêtre ouverte avec l'air embaumé des tilleuls. Un jour qu'il est au piano, deux mains se posent sur ses épaules, et une bouche, collée contre son oreille, lui crie : « Je m'appelle Brentano ! » A ce trait, on a déjà reconnu la célèbre Bettina, la sœur cadette de Franz, « si petite à vingt-deux ans qu'elle n'en paraît que douze ou treize ».

Comment l'inflammable Beethoven résisterait-il à cette endiablée qui ne marche qu'en dansant et saute sur ses genoux avec la même aisance qu'elle grimpait sur les genoux de Gœthe, ou à la rosace de la cathédrale de Cologne ? — Comme elle sait bien flatter et encenser ! « Tu es ravissante, ma jeune danseuse, » lui disait Gœthe, « à chaque pas tu nous jettes une couronne ». Hélas ! il est vrai, si Bettina raffole de la musique de Beethoven, elle ne raffole pas moins de celle de Durante ; si elle aime Gœthe, elle aime aussi les hussards français et les beaux turcs du *Prater* dont elle s'amuse à faire danser la pantoufle au bout d'une baguette. D'ailleurs, « où la folie finit chez les autres, elle commence chez les Brentano ».

L'honneur de Bettina, dit fort bien Sainte-Beuve, est d'avoir su être, de Gœthe à Beethoven, un double interprète. Ce furent « deux rois mages qui se saluèrent de loin par ce petit page lutin qui fait si bien les messages ». L'entrevue de Beethoven avec le Jupiter olympien de Weimar eut lieu en juillet 1812, aux eaux de Teplitz ; elle fut ce qu'on pouvait attendre de l'admiration respectueuse que témoigna toujours le musicien à l'auteur du *Faust*.

Que se dirent les deux grands hommes ? Que put

entendre Beethoven avec ses pauvres oreilles fermées ?
Le superbe Gœthe daigna-t-il lui écrire sur le lamen-
table *cahier de conversation* ses paroles miraculeuses ?
Nous n'en avons pour témoin que quelques lettres de
Beethoven à Bettina.

Mais peut-on vraiment ajouter foi à ce qui nous vient de
la charmante hallucinée ? — Faut-il parler à ce propos
de cette fameuse lettre dont personne n'a jamais vu
l'original, où Beethoven est représenté sur la promenade,
en face de la famille impériale, « le chapeau enfoncé
sur la tête, le paletot boutonné, *fonçant* les bras croisés
au beau milieu du tas », tandis que Gœthe se tient de
côté, chapeau bas, profondément incliné ?

« Le *duc* Rodolphe m'a tiré son chapeau, l'impératrice
m'a salué la première. » L'anecdote, il faut l'avouer,
ferait plus honneur à la délicatesse de sentiment des
princes autrichiens qu'à la bonne éducation de Beethoven. Mais qu'on nous permette d'observer ceci : si la
comtesse d'Arnim était alors à Teplitz, comme le prouve
la liste des étrangers, pourquoi Beethoven lui *écrivait-il?*
Pourquoi appelait-il pompeusement le *duc* Rodolphe
celui qu'il ne nommait jamais autrement que son « cher
« *archiduc?* » Pourquoi enfin Bettina raconte-t-elle la scène
tout autrement dans sa lettre à Pückler-Muskau? Voilà
bien des pourquoi. — Concluons une fois de plus qu'il
faut tenir en sévère suspicion les paroles et les écrits
de la jeune Brentano.

A Teplitz, Beethoven se lia aussi avec un groupe
intéressant de patriotes et de lettrés qui, à l'enseigne
de l'*Étoile*, hôtel fréquenté par les gens à la mode, se
réunissaient sous le sceptre de la comtesse de la Recke.
Hommes élégants, jeunes officiers, femmes aimables ;

BEETHOVEN EN 1804
Par le peintre Mähler.
(Appartient à Mme Heimler, petite nièce de Beethoven.)

quelle aubaine s'ils pouvaient mettre la main sur l'auteur
de la musique d'*Egmont* ! Un jour, les beaux yeux de
Rahel Levin, « image d'autres traits chéris », feront
pourtant le prodige souhaité.

Beethoven, qui s'obstinait jusque-là à dîner seul,
consentira à participer aux réunions de la société. Son
cœur y trouvera de nouvelles chaînes, celles d'Amélie
Sebald, la belle et vertueuse cantatrice berlinoise. En
son honneur, il rimera des vers mirlitonesques :

> Ludwig van Beethoven
> De qui, sans nulle peine
> Vous seriez la reine.

Auprès de lui malade, la jolie Sebald s'est faite infir-
mière ; elle surveille ses menus, lui interdit les promenades matinales dans les brouillards de l'automne, elle
le nomme « son cher tyran » ; lui l'appelle Amélie et sent
monter à ses lèvres des aveux brûlants qu'il n'osera
jamais déclarer. — « Voilà cinq ans », dira-t-il plus tard
à Giannatasio del Rio, « que j'ai trouvé la femme de
« mon rêve, mais je n'ai pu me décider à aller plus loin... »
Avait-il le pressentiment que sa demande ne serait pas
bien reçue ? Recula-t-il devant la douleur d'un refus de
la part de l'artiste après en avoir déjà essuyé de la part
de l'aristocrate et de la bourgeoise ?

Fûtes-vous, bonne Amélie Sebald, cette « immortelle
bien-aimée » dont on a tant parlé ? — Beethoven, qu'on
ne « connut jamais sans un amour », a bien pu vous
appeler ainsi tour à tour : vous, séduisante Juliette, vous,
brillante Gherardi, vous, comtesse Babette, la jolie laide
à qui furent dédiées les variations modulantes, *op. 34*,
et le 1er Concerto de piano, vous, les deux Thérèse,

la frivole et la grave, vous, « chère Cecilia Dorothœa »,
vous, la dame du Jeglersee, vous, charmante française, Marie Bigot qui, sur le manuscrit de *l'Appassionata* tout détrempé par l'averse, lisiez pour la
première fois ces pages immortelles, vous, Marie
Pachler-Koschak, la « déesse de Gratz, » passion d'automne que le maître instituait « la vraie gardienne des
« enfants de son esprit », vous, folle Bettina, et vous
enfin, l'inconnue de 1816 dont il guettait le sourire :
« Tout à l'heure, quand M... passa, il m'a semblé
« qu'elle me regardait », il vous a toutes aimées à travers la musique. Si vous ne vous étiez trouvées sur le
chemin d'un grand homme, la postérité vous eût sans
doute ignorées et vous ne vous disputeriez pas l'honneur
d'avoir inspiré ces quelques lignes au crayon, à demi
effacées : « Mon ange, mon tout, mon moi.... » Cet
honneur, la Musique seule le pourrait revendiquer. Si,
pour un temps, vous avez illuminé sa vie, vous l'avez
fait souffrir aussi : « Qui sème l'amour », écrivait
Beethoven, « récolte des larmes. » Ces larmes nous
valurent cependant le Beethoven intérieur, le grand
Beethoven de la *dernière manière*.

La cure à Teplitz avait rendu au malade quelques
jours de santé et de bonne humeur. Malgré le mauvais
état de ses finances (le service de sa pension venait
d'être interrompu par le conseil judiciaire du trop
magnifique Lobkowitz et à la suite de la mort acciden-
telle de Kinsky [1]), malgré la difficulté des transactions
avec les éditeurs atteints par les conséquences du

---

[1] L'inventaire officiel de la succession Beethoven et les livres de
comptes de la famille Kinsky prouvent que, depuis 1815, les trois pen-
sions furent, quoiqu'on en ait dit, fort régulièrement payées.

blocus continental, et qui lui envoient des traductions
de Tacite et d'Euripide en guise de monnaie, Beethoven
oublie son dénuement pour penser aux autres. C'est son
pauvre Breuning, devenu veuf, qu'il entoure de tendresse ; c'est son frère Charles, mourant, dont il
cherche à satisfaire les fantaisies, c'est son autre frère
le pharmacien qu'il voudrait arracher à l'influence d'une
servante maîtresse. Aujourd'hui, il organisera un concert de charité pour les sinistrés de Baden, demain, il
enverra des ballots de sa musique pour une « académie »
au profit des Ursulines de Gratz, ne réclamant en
échange que les « prières des saintes femmes et de leurs
« pupilles ».

Cependant, Mme Streicher le trouvera dénué de
tout, en guenilles. « L'état de mes chaussures »,
déclare-t-il en riant, « m'a mis aux arrêts de rigueur. »
C'est alors que, pour regarnir son portefeuille, Mælzel,
le Vaucanson viennois, depuis longtemps en quête d'un
introuvable cornet acoustique à l'usage de Beethoven,
lui propose la combinaison suivante : il associera la
musique de deux nouvelles symphonies à l'exhibition de
certain trompette automate qui exécutait les sonneries
de la Grande Armée ; et Mælzel répond de l'enthousiasme
des Viennois.

L'événement lui donna raison. Les concerts des
8 et 12 décembre 1813, au bénéfice des blessés de la
bataille de Hanau, réunirent plus de trois mille auditeurs.
Dans une retentissante proclamation « alla Bonaparte »,
Beethoven, qui venait de grouper sous sa baguette
tout ce que l'Autriche comptait alors de musiciens
illustres : Hummel, Spohr, Mayseder, Salieri, Meyerbeer
(qui, chargé de la partie de grosse caisse, ne partit

pas en mesure), remerciait ses troupes « d'avoir dé-
« posé sur l'autel de la patrie le fruit de leurs
« talents ».

Étrange ironie du sort ! La *Bataille de Vittoria*, ce
médiocre pot-pourri des airs de *Marlborough*, *Rule Bri-
tannia* et *God save the King*, dont Beethoven disait lui-
même qu' « il n'en donnerait pas deux *groschen* », allait
plus faire pour son succès que toutes ses symphonies !

Au Congrès de Vienne, en 1814, l'archiduc présente
son maître à toutes les têtes couronnées. Ce ne sont
plus seulement de grandes dames, ce sont des reines
et des impératrices qui l'accablent aujourd'hui de
cadeaux et de compliments. Il devient populaire. Sa
musique figure aux programmes de toutes les sociétés
d'étudiants, de tous les orchestres militaires ; des pay-
sannes du Kahlenberg, qui le reconnaissent, lui offrent
des cerises au sortir de l'exécution de la VII⁰ Symphonie.
On a repris son *Fidelio* ; il touche presque à la réali-
sation de son rêve : la direction de la Chapelle impériale ;
il est à l'apogée de la gloire : « Mets seulement comme
« adresse : Beethoven, à Vienne. Cela suffit », écrit-il à
Amenda... Mais en même temps « il se trouve plus
« seul que jamais dans la grande ville », et il a des
pressentiments : « Monseigneur veut m'avoir près de
« lui, l'art ne me réclame pas moins ; je suis tantôt à
« Schœnbrünn, tantôt ici. Chaque jour m'arrivent de
« l'étranger de nouvelles commandes. Mais, même au
« point de vue de l'Art, je ne puis me défendre d'un
« certain effarement en face de cette gloire imméritée.
« Le bonheur court après moi ; aussi, tremblé-je de
« voir surgir un nouveau malheur ! »

IV

LA MUSIQUE

2ᵉ période (Transition).

Pour peu que l'on veuille établir un schème chronologique de l'œuvre beethovénien en inscrivant dans trois
colonnes séparées les productions pour piano seul, celles
avec orchestre et celles pour musique de chambre, on
pourra constater, non sans une certaine surprise, la
disparition presque complète dès 1805, totale, de 1809 à
1816 (deux sonates exceptées) de toute œuvre importante pour piano. Par contre, la production orchestrale,
timide et rare dans la première période, se fait tout d'un
coup exubérante, à partir de cette même année 1805, et
absorbe la pensée du maître au point de lui faire
presque négliger la musique de chambre dans laquelle
il excelle. Trois trios et cinq quatuors, voilà tout ce
qu'on découvre de 1804 à 1812, tandis que les mêmes
huit années n'ont pas produit moins de vingt-quatre
œuvres considérables pour orchestre. Presque subitement, Beethoven extériorise sa musique et cherche
à atteindre la sensibilité de l'auditeur par l'effet sonore
lui-même. Il serait donc tentant de dater le changement
de style de cette année 1804 où la transformation se
manifeste par une si rapide et si complète évolution
vers la symphonie instrumentale. Toutefois, un observateur attentif découvrira sans peine que c'est à l'année
1801 qu'il faut faire remonter cette rupture avec les procédés précédemment employés, comme avec toute velléité imitative. C'est, en effet, surtout dans les sonates

composées de 1801 à 1804 que se feront remarquer ces
hésitations, cette incertitude tantôt infiniment triste,
tantôt fougueusement emportée qui dénotent, dans
l'âme créatrice, une orientation nouvelle, on pourrait
presque dire un combat, dont les Sonates, *op. 57* et *53*
et la troisième symphonie marqueront le terme.

Avant de chercher à déterminer les causes de ce
brusque changement, que l'on nous permette d'en énumérer les effets, au point de vue de la composition ;
l'intérêt captivant qui s'attache à cette époque, jusqu'ici
assez peu étudiée, pourra, nous l'espérons, justifier aux
yeux des lecteurs ce qu'une digression technique présente d'un peu aride.

On sait que la *Sonate*, forme de composition issue de
l'ancienne Suite de danses, est constituée par un
ensemble de trois ou de quatre pièces de type différent.
La première établit un conflit entre deux thèmes, ou
idées musicales qui, se présentant successivement,
chacune à l'un des deux pôles de la tonalité adoptée, se
recherchent, se fuient, s'expliquent, et finissent par se
rejoindre dans un même lieu musical : la tonalité dont
nous avons parlé tout à l'heure. Ceci est la *forme-
sonate*, établie par Corelli et Emmanuel Bach. Elle sert
encore à l'heure qu'il est à toute construction musicale
sérieuse.

La deuxième pièce, ordinairement la partie lente,
présente le type *lied*, divisé en trois ou cinq sections, et
basé sur un thème essentiellement différent de ceux
qu'on emploie dans le morceau du type-sonate. La
troisième, d'un mouvement modéré, conserve de l'ancienne Suite la forme *menuet*. La quatrième, vive et
alerte, avait adopté, durant la plus grande partie du

xviiie siècle, le type du *rondeau* français à refrains et couplets périodiques.

L'ensemble de ces quatre types constituait alors (avec quelques variantes, chez Haydn notamment) ce que l'on était convenu d'appeler une *Sonate*. C'est sur cette forme que se modelèrent la naissante *Symphonie* (sonate d'orchestre) et la musique de chambre.

Au cours de sa *première manière*, Beethoven s'était scrupuleusement conformé à la coutume, se bornant à imiter parfois Haydn qui bâtit plus volontiers sa sonate en trois pièces.

Mais, dès l'année 1801, tous ces principes semblent abandonnés, Beethoven paraît s'engager sur une route nouvelle. Par deux fois il tente d'écrire des sonates dans lesquelles il ne reste même plus trace de la *forme-sonate* : *op. 26* et *27*, n° 1. Un peu plus tard, sentant bien la nécessité, en composition, d'une ossature solide, il se rejettera, presque furieusement, sur cette *forme-sonate* et semblera vouloir la proclamer à l'exclusion de toute autre : Sonate *op. 57*, VIIe, VIIIe, IXe quatuors ; les quatre pièces du VIIe quatuor sont écrites dans cette forme. Déjà, en 1802, il a proscrit le *rondeau* qui ne fera que de rares apparitions dans ses œuvres de la deuxième manière ; il l'abolira bientôt tout à fait dans ses sonates et ses quatuors, n'osant encore toucher à la structure de la symphonie ; mais il remplace à la fois le vétuste menuet et l'espiègle rondeau par le *scherzo*, type bien à lui, et qu'il saura exalter jusqu'à l'épopée.

Jusqu'alors, il a marché sûrement et docilement dans les traces de ses aînés, et le voilà tout à coup rompant avec ces modèles et ballotté, comme par un ouragan, de l'un à l'autre bord de la route, sans pouvoir, au moins pendant quelque temps, se fixer sur une constante direction. Jusqu'alors, la signification de ses thèmes est restée purement musicale, et lorsqu'il s'intitule « pathétique », le souci de l'arrangement l'emporte sur l'expression, tandis qu'à l'époque où nous nous trouvons, thèmes et disposition semblent procéder d'errements inconnus qui le conduiraient au désordre s'il n'était pas armé, dès l'enfance, d'une éducation solide et saine.

Jusqu'alors il n'a écrit que de la musique, maintenant il écrit de la vie.

Qu'est-il donc advenu pour que se produise chez Beethoven un pareil changement ? Mais simplement ceci : au cours de la trente et unième année, les passions, qui n'avaient fait, pour ainsi dire, qu'effleurer sa prime jeunesse, se sont abattues sur lui et l'ont entraîné dans leur tourbillon.

Il a senti, il a aimé, il a souffert. Et, sans peut-être même en avoir pleine conscience, il s'est vu, en quelque sorte, forcé de fixer en sa musique ses sentiments, ses émotions, ses souffrances. Sa musique laisse, comme à travers une surface transparente, notre regard pénétrer jusqu'au fond de son âme. Il nous dévoile éperdument les trois amours dont cette âme est toute remplie en cette seconde période de sa vie : la *femme*, la *nature*, la *patrie*. Et ces trois amours furent ce qu'ils devaient être chez un aussi puissant génie, véhéments jusqu'à la passion, jusqu'au délire. Que l'on ajoute à ces élans du cœur, l'inquiétude causée par les premières atteintes de l'infirmité qui bientôt lui fermera — peut-être pour le plus grand bien de l'Art — toute communication avec ses semblables, alors, on pourra comprendre l'expansion, l'exubérance de cette *seconde manière*.

Seul, le *largo* de la sonate *op. 10*, n° 3, écrit dans les premiers mois de 1798, alors que la surdité, jusque-là bénigne, commence à s'aggraver, ce *largo* bien plus « pathétique » que toute la *sonate pathétique*, nous donne, en pleine première manière, un avant-goût de ce que sera la seconde.

Mais à partir de 1801, c'est presque pas à pas que l'on pourrait reconstituer la vie de Beethoven par ses œuvres.

Nous n'entreprendrons pas cette chronologie autobiographique, nous contentant de signaler les manifestations principales des trois grands amours.

L'AMOUR DE LA FEMME

Beethoven, être éminemment pur et profondément chrétien, ne pouvait concevoir l'amour sensuel qu'à la façon des Commandements de Dieu : en mariage seulement. Il professait la plus sincère répulsion pour ceux de ses confrères qui se vantaient, à la mode du temps, de quelque relation adultère. Il blâmait sévèrement Mozart d'avoir consacré son talent à décrire les amours illicites de Don Juan ; et l'une des causes qui le décidèrent à choisir le médiocre livret de *Fidelio*, fut, nous l'avons vu, l'appât d'y célébrer l'amour conjugal. Dès lors, rien d'étonnant que sa vie ne nous offre aucune liaison romanesque, aucune aventure échevelée, aucun crime passionnel. Non, il n'y eut point, de ce fait, de grands événements *extérieurs* dans son existence. Il y eut mieux ; les tourments de son âme en proie au charme féminin, la passion violemment ressentie pour des femmes qu'il ne pouvait pas épouser, la décevante

incapacité d'entendre même distinctement là voix de
l'aimée, tout cela devint musique et se traduisit en chefs-
d'œuvre.

C'est en avril 1800, au printemps de la trentième année,
que, « pour la première fois », l'amour, l'amour passionné étreint, ravit et torture l'âme de Beethoven. Nous
avons dit, dans le chapitre précédent, les coquetteries de
la petite comtesse Guicciardi, la demande en mariage
repoussée (été 1802), et la crise de désespoir qui se
traduit par le testament d'Heiligenstadt. Mais un
autre testament, musical celui-ci, avait scellé la tombe
de ce premier amour : la Sonate, *op. 27*, en *ut dièze
mineur*.

Cette sonate est la première marque du trouble apporté
dans l'esprit de Beethoven par la passion naissante ;
pour la première fois il exprime sa vie par son art. Et
c'est aussi le point initial de cette période troublée dans
l'ordre de la composition, que nous avons signalée plus
haut. Tout, chez le pauvre grand homme, se détraque,
se désagrège... Lui, le croyant, semble avoir envisagé
un instant la possibilité du suicide. Lui, l'artiste traditionnel, semble se révolter contre la forme féconde à
laquelle il reviendra cependant bientôt et presque exclusivement.

Et c'est la sonate en *ré mineur, op. 31*, n° 2, bien
proche du testament d'Heiligenstadt par la date comme
par l'intention. Et c'est la sonate en *fa mineur, op. 57*,
composée en 1804, après le mariage de Juliette Guicciardi : terrible cri de détresse et de désespoir, calmé
par un regard vers « l'au-delà des étoiles » et se terminant en victorieuse fanfare. Qu'on nous permette
d'insister un instant sur cette sonate (dénommée : *appas-*

sionata, du fait d'un éditeur). Nul pianiste n'en devrait
entreprendre l'interprétation s'il n'a lui-même souffert...
Cette œuvre nous paraît l'une des plus caractéristiques
au point de vue de l'autobiographie de Beethoven. Dès
le premier mouvement, ces deux thèmes qui semblent
faits l'un pour l'autre, puisqu'ils procèdent du même
rythme et de la même nature harmonique, et qui en
arrivent, par une constante dépression, à se déformer et
à se détruire, malgré les tentatives de la péroraison,
n'est-ce pas, encore mieux défini que dans la Sonate
dite : *au clair de lune*, le roman douloureux de l'année
1802 ? Après une prière calme, presque religieuse, la
passion reprend, exaspérée, mais cette fois avec un ardent
désir de *remontée*, et dans le triomphe final, proclamé
par un insuffisant piano qui doit se faire cors, trompettes
et timbales, ne l'entendez-vous pas crier : « C'est moi !
Je suis redevenu Beethoven enfin ! »

A Schindler, qui lui demandait en bon Philistin ce
que signifiaient les deux sonates *op. 31* et *57*, Beethoven
répondit : « Lisez la *Tempête* de Shakespeare » ; mais
c'est en vain qu'en ces élans de passion on chercherait
Caliban, voire Prospero ; le vent de tempête ne souffle ni
sur l'île, ni sur la mer, il se déchaîne dans un cœur, un
cœur qui souffre, qui rugit, qui aime et qui triomphe.

Enfin, combien d'appels vers un être aimant et compa-
tissant, combien de plaintes angoissées, combien de
mornes résignations ne trouve-t-on pas dans les œuvres
composées de 1806 à 1815 ? L'*adagio* du VII\e quatuor,
le VIII\e presque tout entier, le mystérieux *largo* du
deuxième trio à la comtesse Erdödy, *op. 70*, la *Clærchen*
d'Egmont, le premier mouvement du XI\e quatuor, et
enfin le *Chant élégiaque*, *op. 118*, écrit à la mémoire de

la jeune baronne Pasqualati, femme de l'ami qui donna
au compositeur, pendant plusieurs années, le calme
abri de sa maison.

Une chose digne d'être notée et qui ressort de l'examen
des œuvres de cette seconde manière, c'est que toutes
celles de ces compositions qui racontent ou dévoilent
une souffrance amoureuse semblent ne pouvoir se rap-
porter, chronologiquement parlant, qu'à la passion pour
Juliette Guicciardi. Ni Thérèse Malfatti, ni Amélie
Sebald, ni Bettina Brentano, ni les autres femmes que
Beethoven put remarquer, n'ont laissé d'empreinte sur sa
production musicale. Mais, en vérité, ce n'est pas à la
brune comtesse aux yeux bleus, ce n'est pas à la femme,
qu'on pense en lisant la sonate en *ut dièze mineur* ou
l'*appassionata* ; comment y voir d'autre personnage que
l'artiste créateur lui-même qui se plaint, se révolte, ou
se détourne pour aller chercher consolation dans les
bois ou les riantes prairies ?

Il est cependant, parmi les amies de Beethoven, une
femme dont le nom doit figurer ici, ne fût-ce que pour
détruire la légende récemment créée à son sujet. Il s'agit
de la comtesse Thérèse de Brunsvik et de ses mysté-
rieuses fiançailles avec Beethoven.

Au cours des polémiques suscitées par ce roman, il
est un facteur, le plus important de tous, dont nul musi-
cographe n'a songé à tenir compte : la Musique. Quel
artiste, quel homme doué simplement de sens artistique
admettrait un instant que la seule œuvre dédiée à la
comtesse de Brunsvik, l'insipide sonate en *fa dièze
majeur, op. 78*, puisse être adressée à la même personne
que les passionnées lettres d'amour que tout le monde

a lues ? Recueil de traits de piano sans intérêt, cette
sonate qui semble écrite en vue d'une virtuosité spéciale,
est bien la production la plus insignifiante de toute la
deuxième époque. Cette manière de voir se trouve con-
firmée par la découverte qu'a faite M. de Gérando, d'une
longue correspondance amoureuse entre sa grand'tante
Thérèse de Brunsvik et un certain Ludwig Migazzi,
orientaliste distingué. Du propre aveu de Thérèse, « cette
passion avait consumé son cœur ». La publication des
mémoires de la comtesse où le nom de Beethoven est cité
si rarement, vient d'ailleurs corroborer cette opinion [1].

Mais, dût-on même apporter, à l'appui de la légende
des fiançailles, des documents plus sérieux que le récit
fantaisiste écrit, dit-on, par une femme de chambre,
nous répondrions : Non, cent fois non! ces deux morceaux de piano sans velléité expressive, sans intérêt
musical, ne sont pas, n'ont jamais pu être l'hommage
du titan Beethoven à son « immortelle bien-aimée ».
Tout ce qui est *Musique* s'élèverait pour en témoigner!

On fera bien d'observer à ce propos le rôle important et très significatif joué par la *dédicace* dans l'histoire de l'art beethovénien. Ce n'était jamais à la
légère que le maître de Bonn inscrivait un nom en tête
d'une œuvre. Cette source documentaire est des plus
instructives.

A part quelques hommages obligés et traditionnels à
des personnalités souveraines, tous les ouvrages *impor-
tants* qui sortirent de la plume de Beethoven — il n'y a

---

[1] Un opuscule de M. de Hevesy, récemment paru, fait ressortir la fra-
gilité des hypothèses si ingénieusement construites par les musicologues
allemands au sujet des prétendues amours de Beethoven et de Thérèse.

GIULIETTA GUICCIARDI
1801
(Miniature ayant appartenu à Beethoven.)

pas d'exception — sont dédiés à ceux qui ont joué dans
sa vie un rôle d'ami sincère, de protecteur affectueux
ou d'interprète compréhensif. Au prince Lichnowsky
qui l'accueillit au début de sa carrière, les trois trios,
op. 1; à son maître Haydn, les trois premières sonates
de piano ; à son protecteur de Bonn, l'archevêque Max-
Franz, la première symphonie, mais l'électeur étant
mort avant que la symphonie ne parût, ce fut le baron
van Swieten, l'un de ses premiers amis viennois, qui
en reçut la dédicace. Et, pour abréger : à celui qui
avait encouragé son talent naissant, au comte Waldstein, et au cher ami Franz de Brunsvik, les Sonates
op. 53 et *57;* à ses bienfaiteurs, Lobkowitz et Rasoumowsky, la symphonie en *ut mineur* et la *Pastorale;* à
la comtesse Erdödy — nous avons dit ce qu'elle fut
pour lui — les deux trios, *op. 70* et les deux sonates
pour violoncelle, *op. 102;* à son ami le comte Maurice
Lichnowsky, l'œuvre 90 dont nous parlerons tout à
l'heure ; au baron von Stutterheim, qui avait accepté
Karl, le triste neveu du grand homme, en qualité de
cadet, dans le régiment *Erzherzog-Ludwig* dont il était
colonel, l'admirable XIVe quatuor ; enfin, à son unique
élève, le cher archiduc Rodolphe d'Autriche, une foule
de chefs-d'œuvre, dont le *Concerto* en *mi bémol,* la
sonate de l'*Adieu,* la sonate pour violon, *op. 96,* le
trio, *op. 97,* les Sonates, *op. 106* et *111* et la *Missa
solemnis.*

On voit que Beethoven se garda, sauf les exceptions
royales ou impériales, d'attacher à aucune de ses
grandes œuvres le nom d'un indifférent à son art.
Ferdinand Ries s'était constitué le garde du corps du
grand homme et resta de longues années près de lui,

mais Ries, virtuose impeccable quant à l'exécution
digitale des plus grandes difficultés, était de race sémi-
tique et ne pouvait pénétrer le sens intime de la musique du maître, essentiellement aryenne. Aussi
Beethoven ne voulut-il rien dédier à Ries, pas plus
qu'à Moscheles, et pour la même raison; mais, à
Mme Ertmann, admirable interprète, au piano, de ses
sentiments, il dédia la Sonate *op. 101;* et il offrit en
présent à Marie Bigot, autre interprète selon son cœur,
le manuscrit de l'*appassionata.* Nous ne trouverons
en tête d'aucune pièce musicale le nom de Schindler,
ce *famulus* au dévouement de chien fidèle, qui méri-
tait mieux peut-être que les épithètes dont l'affublait
Beethoven, si souvent agacé par son manque de tact
musical et autre, mais ce dernier sut bien reconnaître
les qualités de cœur d'un autre bourgeois de Vienne,
le marchand drapier Wolfmeier, en lui dédiant,
quelques jours avant de mourir, le XVIe quatuor. Bettina elle-même, l'illustre et folle Bettina, ne reçut que
l'hommage d'un *lied* sans importance, tandis que le
nom de Brentano figure en tête de la sonate *op. 109*
et des superbes Variations sur un thème de Diabelli,
l'une des grandes œuvres de la troisième époque.

Mise à part la sonate *op. 7,* dédiée tout d'abord à
Wœlffl, puis à une éphémère amoureuse, Babette de
Keglevich, on ne trouvera qu'une seule offrande
d'amour dans tout l'œuvre beethovénien : la sonate à
Juliette Guicciardi. Nous avons prouvé qu'on ne peut
qualifier ainsi l'*op. 78,* à Thérèse de Brunsvik. Quant
à la IVe symphonie que de superficiels critiques ont
voulu regarder comme inspirée par la noble comtesse,
elle a pour dédicataire le comte d'Oppersdorf, qui

l'avait commandée à Beethoven. Or, c'est en remer-
ciement de l'hospitalité accordée par le grand seigneur
à la Symphonie en *ré* et à lui-même, en son château
de Glogau, que Beethoven dédia sa Symphonie en *si
bémol* à Oppersdorf, ce qu'il n'eut jamais fait si l'œuvre
avait été l'expression de sentiments personnels ; il l'eût,
dans ce cas, dédiée à quelque ami intime, ou aurait
supprimé toute dédicace, comme il fit pour l'*op. 110*.

Nous avons dit qu'à partir de 1805, Beethoven n'écrivit
plus guère pour le piano, fasciné qu'il était par l'attirant
scintillement de l'orchestre. Il est cependant deux sonates
qui font exception. Elles furent dictées par l'amitié, et,
bien que dans chacune de leurs pièces, la forme traditionnelle soit conservée, ces œuvres deviennent, de par
leur intitulé même, de véritables poèmes pour piano.
 La sonate de l'*Adieu, op. 81* (et non pas *des adieux*,
comme on s'obstine à la nommer), avec son *Lebewohl*,
obsédant jusqu'à l'arrachement, la triste plainte de
l'*Absence* et les tendres caresses du *Retour*, pourrait
bien évoquer le tableau de deux amants séparés, puis
réunis en de douces et pures étreintes. L'œuvre a
cependant une tout autre origine. L'archiduc Rodolphe
fuyant, en 1809, devant l'invasion française, proposa
lui-même à son maître le canevas de cette composition,
et Beethoven en fit un chef-d'œuvre qui dépasse de
beaucoup le thème proposé : la séparation de deux
amis, puisqu'il devint, non pas *une pièce de circonstance comme en peut écrire un homme d'esprit* (ainsi
s'exprime le clairvoyant critique de l'*Allgemeine Muzik
Zeitung*, en 1812) mais le type musical de tout adieu,
de toute absence, de tout retour... O puissance évoca-

trice du génie, qui, pour créer du *nouveau*, n'avez nul besoin de répudier les formes anciennes!

L'histoire de la sonate *op. 90* n'est pas moins curieuse. Beethoven a voulu (il l'a indiqué lui-même) peindre musicalement le roman de son ami Maurice Lichnowsky. Celui-ci, violemment épris d'une actrice, et ballotté entre son amour et ses préjugés, hésita longtemps, souffrant beaucoup de ces hésitations, mais l'amour l'emporta et un mariage heureux en fut la conséquence. Les deux pièces qui constituent la sonate suivent, pour ainsi dire pas à pas, cette situation. La fougue du premier mouvement, où le caractère du comte Maurice, empreint à la fois de fierté et de faiblesse, est si nettement posé dès le début du morceau « combat entre la « tête et le cœur », forme une admirable antithèse avec le charme très doux du finale « entretien avec l'aimée ». Ici, Beethoven, reprenant, après l'avoir abandonnée si longtemps, la vieille forme du *rondeau*, tente de dépeindre, par le retour fréquent de l'immuable refrain, la tendre et durable monotonie de ce bonheur conjugal dont il rêva toute sa vie, sans pouvoir jamais y atteindre.

L'AMOUR DE LA NATURE

La nature fut pour Beethoven non seulement une consolatrice de ses douleurs et de ses désillusions, mais encore une amie avec laquelle il se plaisait à converser familièrement, seul entretien auquel sa surdité ne fît pas obstacle.

Comment l'auteur de la *Symphonie pastorale* voyait-il et comprenait-il la nature? Sûrement, ce n'était point

à la manière sèchement théorique d'un Jean-Jacques,
dont les écrits sur l'éducation naturelle faisaient cependant fureur alors ; quel point de contact pouvait-il y
avoir entre les doctrines du calviniste genevois et les
effusions du catholique de naissance et de culture qu'était
Beethoven ? — Ce n'était pas davantage à la manière dont
les romantiques commençaient déjà à traiter les champs,
les forêts et les plaines. Beethoven ne considéra jamais
la nature *immense, impénétrable et fière*, ainsi que
le fait un Berlioz, parlant par la bouche de son Faust.
Un petit coin de vallon, une prairie, un arbre suffisaient
à Beethoven ; il savait si bien pénétrer les beautés natu-
relles que, pendant plus de douze ans, toute sa musique
en fut comme imprégnée ; quant à la fierté, il ne pouvait
en être question auprès de cette indulgente amie, de
cette discrète confidente des peines et des joies. Certes
oui, Beethoven aime ardemment la nature et il sait
nous la montrer à travers le prisme d'un cœur d'artiste,
d'un cœur plein de tendresse et de bonté qui ne vise
qu'un but : s'élever, et, par l'amour de la création,
pénétrer jusqu'au Créateur : « Aux champs, il me
« semble entendre chaque arbre me dire : Saint, Saint,
« Saint ! »

Peu de temps après la terrible crise causée par sa
passion pour Juliette Guicciardi, on remarque sur la
table de Beethoven un livre, qui, pendant douze ans,
fut son livre de chevet, le *Lehr und Erbaungs Buch* de
Sturm. Les passages soulignés de cet ouvrage, si souvent feuilleté qu'il dut s'en procurer un second exemplaire, ne laissent aucun doute à l'égard de l'assertion que
nous venons d'émettre. Mieux encore, il copia lui-
même, pour l'avoir toujours présent à sa vue et à sa

pensée, l'extrait suivant du livre en question : « On peut à juste titre nommer la Nature l'école du cœur ; elle nous montre avec évidence nos devoirs envers Dieu et envers notre prochain. Donc, je veux devenir disciple de cette école et lui offrir mon cœur. Désireux de m'instruire, j'y veux rechercher la sagesse que nulle désillusion ne peut rebuter ; j'y veux apprendre à connaître Dieu, et, par cette connaissance, je trouverai un avant-goût des félicités célestes. »

Quelle a bien pu être exactement cette nature aimée de Beethoven et cause occasionnelle de tant de chefs-d'œuvre, cette campagne évocatrice de si hautes inspirations ? Oh ! tout simplement la nature voisine de son habitation, la campagne qu'il pouvait familièrement parcourir au cours de ses promenades quotidiennes. Si Beethoven fut un promeneur infatigable, jusqu'à rebuter parfois ceux qui voulaient l'accompagner, il ne fut jamais ce qu'on appelle aujourd'hui un excursionniste. Le *tourisme*, cette manie de l'Allemagne moderne, au point qu'avec son instinct de militarisation, elle est allée jusqu'à le revêtir d'un uniforme (veston gris vert à boutons en corne de cerf et disgracieux petit chapeau orné d'un pinceau à barbe), le tourisme, disons-nous, n'existait pas au commencement du xixe siècle. Lorsqu'on entreprenait un voyage lointain, c'était pour affaires et non par plaisir ; mais la promenade à pied était alors fort en usage.

A cette époque — comme encore aujourd'hui — les petites localités voisines des grandes villes d'Allemagne étaient émaillées de riantes *wirthschäften*, non encore étiquetées du pompeux barbarisme de *Restauration*. Ces accueillantes guinguettes ouvraient, aux jours de beau

temps, leurs portes amies à la foule des bourgeois de
la cité, qui, avides de respirer l'air de la campagne, avaient
la satisfaction de retrouver sur les tables de bois, l'habituelle saucisse escortée de la traditionnelle chope de bière.
Tous ces cabarets hospitaliers se complétaient d'une
salle de danse où un orchestre très restreint réglait les
sauteries des *burschen* aux joues vermeilles et des sen-
timentales *mägdlein*, tandis qu'un jardin discret offrait,
dans l'intervalle des danses, ses allées parfumées aux
amoureux épanchements. Au sortir du village subur-
bain, équivalent plus honnête et moins tapageur de nos
Asnières ou de nos Robinson, c'était la campagne, les
champs cultivés, les vallées étroites, le ruisseau déva-
lant tranquillement des proches hauteurs, et, presque
toujours, non loin de là, une vraie forêt, aux arbres
centenaires, dont les ombrages invitaient à la rêverie.
C'était là le domaine, non plus du citadin en partie de
plaisir, mais du paysan, qui, lui aussi, célébrait les jours
fériés en buvant, dansant et chantant. Mais chants et
danses revêtaient ici un aspect bien plus rude et plus
caractéristique sous le ciel libre, que dans la tiédeur
des cabarets suburbains.

Que ce soit aux environs de Vienne même, à Döbling,
à Heiligenstadt, à Penzing, Mödling ou Hetzendorf; que
ce soit dans le voisinage des villes d'eaux sulfureuses
ou alcalines où l'amène la maladie, les parcs *à la française* des habitations princières exceptés, c'est toujours
ce même paysage que parcourt Beethoven en ses promenades, tant au nord de Vienne qu'à l'ouest, tant dans
la plaine arrosée par la Wien qu'auprès des rochers
de Baden et sous les grands sapins de Teplitz.

Mais de tous ces coins de terre, le plus fertile en

VUE DE DÖBLING, SOUS LE KALHENBERG
(Aquarelle, formant couvercle de boîte.)

inspirations beethovéniennes est incontestablement celui qui s'étend au nord de la capitale autrichienne jusqu'aux pentes du Kahlenberg et du Leopoldsberg. Louant, pour l'été, une maisonnette à Döbling, Grinzing ou Heiligenstadt (qui n'étaient point encore promus au grade de faubourgs officiels), le maître n'avait que peu de chemin à faire pour se trouver en pleine campagne. Prenant à droite, peu après avoir dépassé les dernières maisons d'Heiligenstadt, il descendait dans la *Wildgrübe*, vallée verte et encaissée, par un sentier que l'on nomme aujourd'hui : *Beethovengang*, et s'arrêtait auprès du ruisseau de la VIᵉ symphonie, le doux et ombragé *Schreiberbach*. Là, il se trouvait à peu près à égale distance des valses citadines et des chants paysans et il note dans plusieurs de ses œuvres cette bizarre antithèse. Voulait-il pousser plus loin ? Il traversait le ruisseau d'une enjambée, ou, au moment des crues, sur une planche branlante, et il gravissait, en pleine forêt, les pentes de la colline. Après s'être peut-être attardé à mi-côte, pour se rafraîchir au cabaret de la *Main de fer*, il allait chercher les campagnards chez eux, dans le village de Kahlenberg et déambulait parfois jusqu'à une lieue de là, au bourg rustique de Weidling. C'est donc toujours dans un tout petit espace de dix à quinze kilomètres soit au nord de Vienne, soit à Baden ou à Hetzendorf que furent pensées et écrites, au moins à l'état d'esquisses, non pas une symphonie pastorale mais dix symphonies pastorales, c'est-à-dire dix grandes œuvres, au moins, relatant les impressions de Beethoven en face de la nature.

Voici d'abord, par ordre de dates, la charmante sonate pour piano, *op. 28* (dite : pastorale, dans quelques éditions). Cette œuvre, antérieure, malgré son chiffre, à l'*op. 27*, semble être la confidence faite aux champs et à la forêt d'un moment de calme bonheur, à l'aurore de l'amour pour « la Damigella Contessa Giulietta di « Guicciardi ». Puis les sonates *op. 30*, n° 3, pour violon (à l'empereur Alexandre) et *op. 31*, n° 3, pour piano (1802-1803). Et l'admirable sonate en *ut, op. 53*, que les Allemands nomment *Waldstein Sonate* et les Français : l'*Aurore*, contemporaine et, pour ainsi dire, consolatrice des tortures de l'*op. 57 ;* puis trois mouvements sur quatre, dans le VIIe quatuor (1806), et les VIe, VIIe et VIIIe symphonies ; enfin la superbe dixième sonate pour violon, *op. 96*, tout entière (1812) ; sans compter des danses villageoises, les finales des trios *op. 70*, n° 2 et *op. 97*, l'entr'acte pastoral d'*Egmont*.

On n'attendra pas de nous une analyse de chacune de ces géniales productions, il est cependant utile de faire remarquer au lecteur que ce ne fut jamais l'impression *matérielle*, la reproduction *réaliste* des bruits et des sonorités de la campagne, que Beethoven tenta de rendre par sa musique, mais seulement l'*esprit* du paysage, passant par son cœur d'artiste et transposé en constructions sonores par son intelligence.

Suivons rapidement la genèse de la VIe symphonie.

Comment Beethoven arrive-t-il à nous suggérer le calme champêtre, la tranquillité de l'âme en contact avec la nature ? Sera-ce par des agglomérations harmoniques ingénieusement disposées, mais qui ne touchent point le cœur, si elles satisfont la curiosité ? Oh ! certes, non... Il cherchera, et trouvera une mélodie simple, et l'étendue du dessin mélodique, excessivement restreinte, puisqu'elle n'embrasse qu'un intervalle de sixte (du *fa* au *ré*)[1], suffira à créer en nous le sentiment de calme autant par sa quasi-immobilité que par la durée de cette immobilité. En effet, l'exposition de cette mélodie bâtie sur l'intervalle de sixte se répercutera, avec des timbres différents, mais musicalement identiques, pendant *cinquante-deux mesures*, sans interruption... Wagner se servira plus tard d'un procédé analogue pour peindre la monotone majesté du fleuve, dans l'introduction de son *Rheingold*. La deuxième idée, dans ce premier mouvement de la Symphonie pastorale, est double. On dirait l'apparition, dans le paysage jusqu'ici inanimé, de deux êtres humains, l'homme et la femme, la force et la tendresse. Cette seconde idée est la base thématique de l'œuvre entière. Dans le Scherzo, l'effet de subite immobilité produit par l'air de cornemuse du musicien ambulant (le *solo* du hautbois, puis du cor), s'imposant à la tapageuse allégresse des paysans, est dû à la cause énoncée ci-dessus ; ici toutefois, une note exceptée, la mélodie se meut dans un intervalle de quinte.

L'orage qui interrompt la réunion villageoise n'a nulle prétention à nous effrayer. Loin de déchaîner tous les instruments de percussion connus, et, au besoin, d'en inventer de nouveaux, Beethoven se contente de l'insuffisante timbale pour décrire les roulements du tonnerre ; mais cependant, il fait mieux... A-t-on remarqué que, dans quatre morceaux, sur les cinq dont se compose la symphonie, on ne rencontre pas un passage,

---

[1] Dans ses *Essais de technique et d'esthétique musicales*, 1902, p. 380-383. M. Élie Poirée avait déjà observé le caractère pastoral de cet intervalle dans la tonalité de *fa majeur*, qui, par un phénomène « d'audition colorée » très plausible, lui paraissait correspondre à la couleur verte.

pas même un fragment de développement qui soit établi dans une tonalité mineure ? C'est pourquoi, ce ton de *fa mineur*, réservé à la période d'assombrissement du paysage, jusqu'alors si plein de soleil et de gaieté, produit, chez tout esprit doué de poésie, l'inévitable serrement de cœur, l'angoissante inquiétude qui accompagne l'approche de la foudre. Mais aussi, quelle éclaircie, et comme on respire librement lorsque le bleu du ciel se montre à nouveau avec le dessin qui a précédé l'orage, dans cet *ambitus* de sixte dont le commencement de la symphonie nous a révélé la calme signification ! Puis un chant de berger s'élève, amenant bientôt une explosion de joie, et ces deux thèmes ne sont pas autre chose que les deux éléments, masculin et féminin, exposés dès le premier mouvement.

Nous avons intentionnellement gardé pour la fin de cette succincte analyse, l'*Andante*, la plus admirable expression de vraie nature qui soit ; seuls, quelques passages du *Siegfried* ou du *Parsifal* de Richard Wagner, pourraient lui être comparés. — Les chefs d'orchestre ont généralement le tort de prendre cet *andante* trop lentement, ce qui en altère toute l'alerte poésie ; l'auteur a cependant pris soin de l'indiquer : *molto moto quasi allegretto*. C'est un véritable modèle de construction en *forme-sonate*. Tandis que le cours du ruisseau fournit un fond mouvementé à toute la pièce, de belles mélodies s'en dégagent, expressives, et le thème féminin de l'*allegro* initial y reparaît seul, comme inquiet de l'absence de son compagnon. Chacune des sections du morceau est complétée par l'entrée d'une mélodie de quelques notes, pure comme une prière. C'est l'artiste qui parle, qui prie, qui aime, et qui couronne les diverses divisions de son œuvre par une sorte d'*alleluia*. Ce thème expressif termine les expositions, encercle les marches du développement, au milieu duquel les tonalités obscures font passer un nuage sur la campagne ; enfin, après les épisodes un peu puérils des chants d'oiseaux, il se répète encore par trois fois pour tout conclure sur une touchante affirmation.

Il serait trop long de parler de la Sonate *op. 53*, éminemment *pastorale*, au sens que Beethoven attachait à ce mot. Chose curieuse, le thème du finale de cette sonate, qui paraît si parfaitement simple, est l'un de ceux dont l'éclosion demanda le plus d'efforts ; les cahiers de Beethoven ne présentent la forme définitive qu'après *six* esquisses très différentes de rythme et même de mélodie.

La Symphonie en *la*, que, à la remorque de Wagner, les musicologues ont baptisée l'*apothéose de la danse*, n'est autre chose qu'une symphonie pastorale. Le rythme du premier morceau n'a vraiment rien de dansant, mais il semblerait plutôt provenir d'un chant d'oiseau. Le *trio* du scherzo reproduit, dit-on, la mélodie d'un cantique de pèlerinage entendu à Teplitz, en 1812, et le finale est une fête villageoise bien caractérisée.

La VIIIᵉ symphonie retrace évidemment aussi des impressions de nature. Le trio du pompeux menuet, où la clarinette, le violoncelle et le cor s'escriment de façon quasi grotesque, n'est-il pas la représentation d'un orchestre de paysans? Et le thème hongrois — l'hymne d'Hunyade — qui apparaît périodiquement dans le finale, ne figure-t-il pas aussi l'arrivée de musiciens ambulants, de tziganes, dirait-on aujourd'hui, au milieu d'une fête?

Mais l'œuvre qui, avec la VIᵉ Symphonie, éveille le plus dans l'âme le sentiment de la riante campagne autrichienne, c'est la sonate pour piano et violon en *sol majeur, op. 96*. Dès le premier mouvement, on se sent caressé par une molle brise et si, par deux fois, des troupes passent dans le lointain, on oublie rapidement l'appareil de guerre devant la douceur du paysage évoqué. L'*adagio*, de forme *lied*, est un pur chef-d'œuvre de pénétrante mélodie, rêverie sur une pente boisée qui pourrait faire pendant à celle « au bord du ruisseau ». Il ne s'achève pas; une fête paysanne servant de *scherzo* vient tout à coup troubler la rêverie. Et rien de plus curieux que ce scherzo. Pour la première fois, peut-être, Beethoven y devient descriptif. Étendu dans une prairie, peut-être juché dans un arbre, le poète note d'abord une danse campagnarde aux rythmes heurtés, presque barbares, c'est le *scherzo;* puis, voici que, de l'autre côté, lui parviennent, comme apportés et remportés par des coups de vent, les échos d'une danse citadine : *valse noble*, aurait dit Schumann, qui disparaît bientôt pour faire place, en bon *trio* classique, au scherzo *redivivus*. Et ce petit tableau descriptif en partie double n'est pas unique dans l'œuvre beethovénien; on le rencontrera encore, quoique moins complètement exprimé, dans le finale de l'*op. 53*, dans les trios *op. 70* et *97*, et enfin dans le menuet de la VIIIᵉ symphonie, cité plus haut. Cette admirable sonate pour violon, la dernière écrite par Beethoven pour cet instrument, que l'on exécute trop souvent au rebours de son esprit véritable, est comme un résumé du *trio* en *si bémol,* dédié également à l'archiduc. Nous n'hésitons pas à ranger aussi ce fameux trio parmi les

œuvres inspirées à Beethoven par son ardent amour
pour la nature, presque aussi fertile en chefs-d'œuvre
que le fut, en cette seconde période de sa vie produc-
tive, l'amour féminin.

L'AMOUR DE LA PATRIE

Beethoven aima profondément son « unique patrie
allemande »; ses lettres et ses touchants retours en
esprit vers les paysages du *Vater Rhein* en font foi;
mais qu'il ait chéri également sa patrie d'adoption,
l'Autriche, rien de moins douteux. Et comment aurait-il
pu en être autrement alors qu'il partageait — mora-
lement et matériellement — avec cette patrie autrichienne, les peines, les angoisses, la détresse et enfin le
triomphe final?

Mais quelle fut la part artistique de ce sentiment?
De quelle façon l'auteur de la *Symphonie héroïque*
voyait-il, musicalement, la patrie? Quel est enfin le
procédé qu'il lui plut d'adopter pour exprimer son
patriotisme en musique? Ce procédé, ce fut, sans
contredit, le *militarisme* (qu'on nous pardonne l'emploi
de ce récent néologisme), ou, si l'on préfère, l'adaptation d'un rythme belliqueux à la mélodie. Ce rythme
bien connu : une croche pointée suivie d'une double
croche, était alors — il l'est même encore aujourd'hui
— de mise dans toutes les circonstances militaires où
la musique peut trouver place : marches triomphales
ou funèbres, charges d'infanterie, assauts, retraites
même; cette forme rythmique restera spécialisée à
cette application jusqu'à ce que Meyerbeer l'en vienne
détourner pour l'employer sans discernement dans

ESQUISSE DU PREMIER LIED DE CLERCHEN, DANS EGMONT

Manuscrit de Beethoven, contemporain de la bataille de Wagram, 1809.

(Provient des collections Hauptmann et A. Bovet, appartient à M. Vincent d'Indy.)

ses opéras. Pourquoi s'étonnerait-on de cette expression militaire du patriotisme chez Beethoven dont toute
la vie, sauf les dix dernières années, se passa en pleine
guerre, au milieu des mouvements de troupes, des
bombardements, des invasions? Ne paraît-il pas
naturel que sa conception de la patrie ait été insépa-
rable de l'appareil guerrier dont il était entouré et que
l'héroïsme un peu grandiloquent compris à la façon de
Plutarque, son auteur favori, se soit concrétisé pour
Beethoven en l'image de plumets gigantesques et de
kurtkas à la hongroise, et exprimé musicalement par
des rythmes de tambour et de galop?

C'est sous cette forme que nous le rencontrons dans
la *Marcia funebre* de l'*op. 26*, dans la Sonate pour
violon à l'empereur Alexandre, *op. 30*, n° 2, où la
seconde idée prend l'allure d'une attaque de grenadiers
Préobajenski, dans la III⁰ Symphonie, dans le concerto
pour violon (1806), dans l'andante guerrier et le finale,
si parfaitement héroïque de la Vᵉ symphonie (1808),
dans l'ouverture et les entr'actes d'*Egmont* (1809), et,
tout naturellement, dans la *Victoire de Wellington* et la
douzaine de marches ou pièces pour musique militaire
qu'il écrivit de 1809 à 1816. On en trouverait encore
des échos ou des souvenirs dans l'*op. 101* (1816) et
jusque dans le XVᵉ quatuor et la IXᵉ symphonie.

C'est encore, en partie, le sentiment guerrier qui
s'expose dans la superbe ouverture de *Coriolan* (1807),
bien que le rythme militaire n'y paraisse pas; mais ici,
ce sentiment entre en lutte avec un admirable thème
d'amour conjugal et finit par succomber, comme le
héros du drame, sous les atteintes de la fatalité.

Une parenthèse s'impose à propos de la *Symphonie*

héroïque. Nous partageons complètement l'opinion
émise par M. Chantavoine dans son étude sur Beethoven ; il nous paraît hors de doute que le nom de Bonaparte, inscrit par le musicien en tête du titre de la
symphonie, l'ait été dans une intention nettement
dédicatoire. La composition de la III° symphonie coïncide, en effet, avec la période, assez restreinte, de la
vie de Beethoven où il adressa des dédicaces d'œuvres
importantes à des chefs d'État. Déjà, en 1796, les
deux premières sonates pour violoncelle sont dédiées
au roi de Prusse Frédéric-Guillaume II ; en 1799,
Beethoven adresse le *Grand septuor, op. 20,* à l'impératrice Marie-Thérèse ; en 1802, trois sonates de violon
à l'empereur de Russie. On ne s'étonnerait donc pas
qu'il voulût offrir, en 1804, une de ses grandes compositions au chef de l'État français, et l'on ne songerait
guère à discuter la genèse de la III° symphonie si la
flagornerie politique ne s'en était emparée, et avec
quelle insistance ! pour faire de Beethoven une manière
d'apôtre de la Révolution.

Tandis que ses contemporains semblent n'avoir
même pas soupçonné d'autre origine à l'*Héroïque* que
les tableaux de guerre dont les gazettes viennoises
étaient alors remplies, témoins Czerny ou le Dʳ Bertolini, ses amis intimes, qui y voyaient la peinture
d'une bataille navale : Aboukir, ou la glorification de
Nelson et du général anglais Abercrombie, le pauvre
Schindler, tout imbu d'idéologies républicaines et
cédant à la manie de paraître *avancé* (on était en 1840),
s'avisa, dans son livre, de prêter au compositeur des
intentions politiques. Venant à parler des esquisses de
l'œuvre, il en rapproche plusieurs passages de la

« République de Platon », dont le grand musicien
faisait, dit-il, sa lecture favorite, sans se douter que
Beethoven ne pouvait, en 1803, connaître cet ouvrage,
la *première* traduction allemande (par Schleiermacher)
ayant paru à Berlin longtemps après que la *Symphonie
héroïque* avait été exécutée à Vienne.

Beethoven, d'ailleurs, eût-il été platonicien, eût-il
passé son temps, comme l'indiquent les cahiers de
conversation, à *bougonner* impunément contre la Cour
et la ville, à déclarer la police tracassière, la justice
boiteuse, l'administration paperassière (quel Français
de jadis ou d'aujourd'hui ne lui rendrait des points à
cet égard?), en quoi cela impliquerait-il des opinions
républicaines au sens moderne du mot? Sait-on s'il
ne demandait pas au livre de Platon la théorie des
anciens modes grecs plutôt qu'un modèle de constitution
démocratique? Il appartenait cependant à des écrivains
de notre temps de renchérir encore sur l'hypothèse de
Schindler et de nous présenter un Beethoven non plus
seulement amoureux de la République de Platon, mais
jaloux de célébrer la Révolution française en bloc, y
compris les massacres de Septembre, la Terreur, etc.....
Tout ce qu'on sait des amitiés du maître et aussi de ses
haines, de ses haines de patriote chassé de sa patrie
par l'invasion révolutionnaire, s'élève contre une
pareille interprétation. Le jacobinisme ne pouvait que
répugner à son cœur honnête. Et l'hypothèse, conçue en
dehors de toute préoccupation historique, n'a même
pas l'excuse de s'étayer sur des dates. Car, à l'époque
où, sous les ombrages d'Ober-Döbling, Beethoven
écrivait et dédiait sa symphonie, c'est-à-dire de 1803
à 1804, ce n'était plus le porte-parole de la Révolution, le

redoutable metteur en œuvre des principes de 89, qu'il avait devant les yeux, mais bien plutôt le héros glorieux, couronné de lauriers, le vigoureux soldat dompteur de l'anarchie, qui, d'un geste et par une violation formelle de la Constitution républicaine, venait d' « assassiner la représentation nationale[1] »; celui auquel il adressait la *Symphonie héroïque*, c'était l'homme de Brumaire.

Aussi bien, le traité de Lunéville avait, depuis deux ans déjà, rendu la paix à l'Autriche; la capitale et l'Empire respiraient enfin librement. Beethoven pouvait avoir le dessein de célébrer cet heureux moment. L'anecdote que rapporte Ries de la dédicace déchirée sur un exemplaire (qui d'ailleurs n'était pas le manuscrit), le prétendu geste vengeur du maître en colère, trouverait ainsi sa place vers 1805, lorsque Napoléon, rompant cette paix sur laquelle on fondait tant d'espérances, envahit subitement la malheureuse Autriche, cherchant à saper, au profit de sa seule ambition, l'harmonieux édifice des monarchies de l'Europe.

La *marche funèbre*, le seul morceau de la IIIᵉ symphonie où l'on retrouve le « rythme militaire » dont nous avons parlé, semble avoir été pensée non point à l'occasion de la « mort d'un héros », comme celle de l'*op. 26*, mais en vue de la glorification de tous les héros tombés pour la patrie et conservant, en mourant, l'espérance d'une vie supra-terrestre. En 1821, Beethoven disait en plaisantant avoir prononcé l'oraison funèbre de Napoléon dix-sept ans avant la mort du captif de Sainte-Hélène; aussi bien cette oraison funèbre, il aurait pu l'appliquer à lui-même, car les deux grands

[1] Mémoires de Barras.

hommes souffrirent, à la fin de leur vie, un destin pareil, tous deux isolés, l'homme de guerre dans une île de l'Océan, le musicien dans son art inaccessible à la masse, tous deux séparés du reste du monde, l'artiste de génie par sa terrible infirmité, comme le conquérant déchu, par la mer inexorable et la non moins inexorable Angleterre.

Parmi la quarantaine de *lieder* qui s'échelonnent dans cette période de la vie de Beethoven, fort peu sont dignes d'intérêt. Nous citerons seulement les *Chants religieux, op. 48*, sur les paroles de Gellert ; puis le *Chant de la caille (Wachtelschlag)*, sorte d'invocation à Dieu sur le rythme du cri de l'oiseau ; dans ce *lied*, fort développé, aucun des six couplets ne ressemble au précédent et certaines modulations vont même plus loin que la seconde manière ; le refrain rythmique, toujours le même : « Crains Dieu, aime Dieu, loue Dieu, remercie Dieu, prie Dieu, confie-toi en Dieu », est comme un essai pour la terminaison de l'*andante* de la Symphonie pastorale : prière des oiseaux complétée par une prière humaine. Le *Bonheur de l'amitié, op. 88*, évoque déjà l'hymne d'amour qui fait le sujet de la IXᵉ symphonie, et nous retrouvons la nature des environs de Baden dans le petit duo, *Merkenstein, op. 100*, écrit en 1814. Il est à remarquer, à propos des *lieder*, que leur production, très clairsemée pendant la période de 1801 à 1808, ne commence à devenir abondante qu'en 1809, au moment où Beethoven, abandonnant la sonate pour piano, va se livrer tout entier aux magies de l'orchestre. L'influence patriotique y est très prononcée, depuis le *Chant de guerre des Autrichiens,*

qui date de 1797, jusqu'au pamphlet anti-français :
Tout est consommé, en passant par : *le Départ du
guerrier, Germania* et la Cantate pour le congrès de
Vienne.

On nous en voudrait de ne pas parler ici de *Léonore*
ou l'*Amour conjugal*, l'unique opéra de Beethoven.
L'ouvrage fut représenté pour la première fois en 1805,
repris en 1806, et remanié en deux actes pour la
reprise de 1814, sous son titre primitif de *Fidelio*.

Au risque de provoquer les colères teutonnes, car
l'Allemagne a fait de *Fidelio* une sorte de fétiche, nous
aurons le courage de dire que cet opéra est bien loin
— extrêmement loin — de valoir, dans l'ordre dramatique, ce que valent, dans le genre purement instrumental les sonates, les symphonies et les quatuors. *Fidelio*, il
faut le reconnaître, n'a pas fait avancer d'un pas la
musique dramatique ; cela est et reste un opéra, que
Mozart eût pu signer et qui ne marque guère de progrès
sur les opéras de la même époque. *Freischütz*
et *Euryanthe* donnèrent, vingt ans plus tard, un bien
autre essor au drame musical allemand. Dans *Fidelio*,
on dirait que Beethoven, désorienté devant ce genre
nouveau, se préoccupe seulement d'appliquer, en
élève bien sage, les principes qu'il a reçus de Salieri,
sans essayer de rompre avec la convention italienne,
sans même tenter de continuer la tradition expressive
de Gluck. La plupart des mélodies, prises séparément,
sont naturellement du *bon Beethoven,* mais la façon de
les mettre en œuvre n'offre aucune nouveauté, donne à
peine l'impression d'un drame.

Dans le premier acte, exception faite pour l'enthou-

siaste *allegro* de l'air de Léonore et le jeu de scène du
chœur des prisonniers, rien ou presque rien à retenir.
Musicalement parlant, le second offre plus d'intérêt.
L'air de Florestan, accompagné, à la façon des airs
du xviiie siècle, par un hautbois concertant (de même,
celui de Léonore, au premier acte, par les trois cors),
n'est qu'une suite de deux aimables *lieder*. Le duo de
la prison, entre Léonore et Rocco, constitue une vraie
sonate avec sa double exposition et son développement.
Le seul morceau dramatiquement expressif est
celui où la jeune femme, victorieuse de la haine de
Pizarro, se jette dans les bras de son époux, amenant
ainsi une explosion passionnée de la sublime phrase
d'amour, jusqu'alors contenue dans une forme seulement *espérante*.

Mais ce qui est incomparable dans *Fidelio*, ce qui
ranime en nous le frisson beethovénien, ce sont les morceaux d'orchestre seul. Leur puissance évocatrice nous
met en présence de l'action dramatique avec bien plus
de force et de vérité que les scènes chantées. C'est
d'abord l'admirable introduction du deuxième acte qui
nous fait assister et prendre part aux souffrances
physiques et morales du malheureux prisonnier,
éveillant en notre âme une émotion plus intense que
ne saurait le faire l'air même de Florestan. Faut-il, à
propos de ce morceau, appeler l'attention sur un
détail assez curieux ? Un certain nombre de procédés
d'orchestre, employés depuis par divers compositeurs
pour exprimer le malheur, la fatalité, la haine, se rencontrent déjà, en toutes notes, dans cette introduction.
La volute expressive, décorée par les traités de musique
du vilain nom de *gruppetto*, et qui apparaît, avec la même

intention douloureuse, dans l'*adagio* du VII° quatuor,
c'est déjà le *groupe wagnérien*, la plainte de Parsifal,
apprenant la mort de sa mère Herzeleide ; un peu plus
loin, ce sont les mêmes *pizzicati* de contrebasses dont
s'accompagne, dans le *Freischütz*, la présence de Samiel,
prince de la Haine, comme Pizarro en est le serviteur.
Il n'est pas jusqu'à la fatale *quinte diminuée* des géants
Fafner et Fasolt dans le *Rheingold*, qu'on ne trouve ici
notée pour les timbales sonnant les pulsations de la
fièvre dans le cœur du prisonnier. Cette introduction
restera un chef-d'œuvre d'art dramatique au même titre
que la mort de Clærchen dans *Egmont*.

Et que dire des trois ouvertures en *ut*, où le drame
tout entier se déroule sous nos yeux ? Que dire surtout
de l'ouverture désignée sous le numéro 3, que
Beethoven écrivit pour la reprise de 1806 ? Dans ces
compositions, le thème de plainte et le thème d'espérance, qui sont comme la représentation des deux
personnages, arrivent peu à peu, à l'issue d'une âpre
lutte contre la haine, à se réunir, se transformant,
après la fanfare libératrice, en l'élan du plus ardent
amour !

Il nous faut encore parler d'une œuvre qui, sans
offrir un grand intérêt musical, garde cependant, pour
des raisons d'atavisme, une certaine importance. Nous
avons déjà vu naître, dans un simple *lied*[1], la primitive
expression de ce *Gegenliebe*, qui préoccupa Beethoven
toute sa vie. L'amour mutuel de l'homme et de la
femme , le seul dépeint dans la mélodie de 1796, nous

[1] Voy. p. 32.

allons le voir se transformer dans la *Fantaisie pour piano, orchestre et chœurs*, dédiée, en 1808, au roi de Bavière. Ici, le thème du mutuel amour se présente et se développe, à peu de choses près, comme celui du finale de la IX⁰ symphonie, dont il est incontestablement l'ancêtre. Exposé d'abord par le piano et les instruments solistes de l'orchestre, il ne reçoit, comme dans la symphonie de 1823, sa signification que par la voix des chanteurs, solistes aussi, que vient ensuite renforcer le chœur complet. Le texte nous dépeint, non plus l'attachement de deux amants, mais celui qui relie les âmes nobles les unes aux autres, et, chose curieuse, la même modulation, ou plutôt, le même point de suspension sur l'accord de *mi bémol majeur* qui, dans la neuvième symphonie, désigne la demeure de l'Être divin, « au-dessus des étoiles », se retrouve, à la même place, et dans le même ton, vers la fin de la Fantaisie, pour symboliser « l'union d'Amour et de Puissance » qui est réalisée en Dieu seul.

Pour conclure, la caractéristique du style de cette deuxième époque, dont nous venons de passer en revue les principales manifestations, peut se résumer en quelques mots : trouble causé par la première atteinte des passions, se traduisant par une période presque désordonnée musicalement, de 1801 à 1804. En 1804, la crise aiguë est passée, l'équilibre se rétablit en trois chefs-d'œuvre : la sonate *op. 57* (l'amour), l'*op. 53* (la nature), la III⁰ symphonie (l'héroïsme). Enfin cette âme, blessée ou consolée, a besoin de crier à tous sa souffrance ou de célébrer devant tous l'accueillante nature ; alors, *pour la première fois*, c'est à l'orchestre, à cet instrument

BEETHOVEN EN 1814
Gravure de Blasius Höfel d'après une esquisse au crayon
du Français *Louis Letronne*.
(La gravure a été retouchée d'après nature.)

aux cent voix, qu'elle demande de clamer son exubérant enthousiasme. Ainsi, aux seules dix années qui
s'étendent de 1804 à 1815, appartient (les deux chefs-
d'œuvre de 1822 et 1823 exceptés) *toute* la production
orchestrale de Beethoven : sept symphonies, neuf
ouvertures, sept concertos ou pièces instrumentales,
quatre pièces pour orchestre avec chœur, cinq morceaux
pour musique militaire, trois mélodrames, un opéra, un
oratorio et une messe. Auparavant, il n'y avait rien, que
la première symphonie ; et après, deux œuvres colossales
seulement, où l'orchestre sert plutôt de moyen que de
but. Il importait que cette constatation fût faite pour la
confusion de ceux qui prétendent trouver chez Beethoven une absolue unité de style.

Au point de vue technique, les remarques venant à
l'appui du changement total de manière seraient si
nombreuses qu'elles dépasseraient le cadre de cet
ouvrage. Contentons-nous d'indiquer les modifications
considérables subies, sans sortir de la route traditionnelle, par le plan de la Sonate, qui tend, chez
Beethoven, à se faire poème en deux chants, et aussi
par l'architecture intérieure de la Symphonie, qui,
tantôt appelle à son aide des instruments jusqu'alors
inemployés (trois et quatre cors et les trombones), tantôt
inaugure l'apparition d'une pièce pittoresque (VIe symphonie) ou l'adjonction d'une *troisième idée* (IIIe symphonie) ou encore l'enchaînement et la réapparition des
thèmes d'un morceau à l'autre (Ve et VIe symphonies).

Et maintenant, le moment est venu de dire, paraphra-
sant le récit d'entrée du finale de la *neuvième* : « Amis,
laissons ce style, que des chants s'élèvent, encore plus
beaux, toujours plus haut vers le royaume de Dieu ! »

TROISIÈME PÉRIODE

DE 1815 A 1827

V

LA VIE

« Très chère et honorée amie, peut-être auriez-vous
« quelque sujet de croire votre souvenir effacé chez
« moi. Simple apparence, cependant. La mort de mon
« frère m'a profondément affecté. J'ai eu, depuis, de
« grandes préoccupations pour tirer mon neveu des mains
« d'une mère indigne ; j'y suis parvenu, mais, pour l'ins-
« tant, j'ai jugé qu'il valait mieux le mettre en pension. A
« la vérité, une institution et son influence indirecte ne
« sauraient remplacer un père ; car c'est ainsi que je me
« considère à présent. Je m'ingénie donc à me rapprocher
« de ce cher trésor, désirant exercer sur lui une action
« plus prompte et plus efficace. Mais que de difficultés
« en perspective !

« Depuis six semaines ma santé est chancelante, de
« sorte que la pensée de la mort m'occupe plus sou-
« vent, sans effroi, pourtant. C'est pour mon pauvre
« Charles seulement que je m'en irais trop tôt.

« Je vois, par vos dernières lignes que vous aussi, ma
« chère amie, vous souffrez. Il n'en va pas autrement

« parmi les hommes. Ici-bas, chacun est appelé à faire
« l'épreuve de ses forces ; en d'autres termes, chacun
« doit persévérer jusqu'au bout sans murmurer, et tou-
« cher du doigt son néant, afin de reconquérir l'état de
« perfection dont le Très-Haut veut nous laisser le
« mérite. »

Cette lettre, de 1816, à Mme d'Erdödy, nous en apprend
assez sur ce qui vient de se produire dans l'existence
du maître. A l'appel de son frère mourant, Beethoven
a répondu sans balancer. Et pourtant, il n'entend rien
à la tenue d'un ménage, rien à l'établissement d'un
budget. Quelle folie de prendre à sa charge un enfant
de neuf ans ! lui disent ses amis. Et ce sera une lutte
de tous les instants avec la mère qui revendique ses
droits.

Oh ! cette *Reine de la Nuit*, « la Jeannette », comme
on la nomme dans le monde où l'on s'amuse, de combien d'imprécations ne la chargera-t-il pas, au cours
des longues soirées passées dans la famille du maître de
pension Giannatasio del Rio ! Là, du moins, on l'écoute,
on le plaint. Fanny, la fille aînée, la « mère abbesse »,
comme il l'appelle, tient la maison, surveille l'hygiène
des petits écoliers qui aiment tant à jouer aux boules
avec M. van Beethoven. Bonne Fanny ! Son titre d'abbesse la mortifie un peu, car elle a quelques prétentions,
et elle admire si passionnément Beethoven ! « Ah ! comment peut-on faire de la peine à un homme pareil ! »
gémit-elle sur son journal. « Il est malheureux, et personne pour le consoler ! »

Au reste, pour l'éducation de Charles, Beethoven ne
lésine sur rien : « Nous en ferons un artiste ou un
« savant, pour qu'il vive une vie supérieure, au-dessus

« du vulgaire, car seuls, l'artiste et le libre savant portent
« en eux-mêmes leur bonheur. » Charles aura donc les
meilleurs maîtres. Czerny devra lui montrer l'art du
piano et Beethoven corrigera : « Tenez surtout au sens
« de la phrase musicale. Bien que j'aie peu enseigné, je
« me suis aperçu que cette seule méthode formait des
« musiciens, ce qui, après tout, est un des objectifs de
« l'art. » Et, pour le doigté : « N'abusez pas du *perlé* ; on
« peut aimer la perle, mais parfois aussi d'autres
« bijoux. »

Charles ne demeura pas longtemps chez les Giannatasio, la bourse de l'oncle ne lui permettait plus cette
coûteuse pension où tout le *high-life* viennois avait ses
enfants. Les besoins d'argent grandissaient. Pour son
Charles, Beethoven criera famine, il deviendra quéman-
deur et traitera de « gueux » tous les princes de la terre,
trop peu généreux, à son gré, envers les artistes. « Je
« suis père », écrit-il à Wegeler, « mais sans femme. »
Aussi, laissons-le aux prises avec cet « *allegro di con-
fusione* » qu'est son ménage, avec les trop fameuses gou-
vernantes Nanni, Pepi et Baberl ; l'obligeante Mme Streicher elle-même y perdra son latin. Parlerons-nous de
l'amusante leçon d'économie domestique qu'il se fait
donner par elle ? — « Faut-il faire cuisine à part ? » —
« Si vous mettez des asperges ou des légumes fins, il va
de soi qu'il vaut mieux faire deux cuisines ; mais si vous
mettez simplement des choux, il sera plus économique
de faire la même soupe pour tout le monde, sans quoi
vous dépensez le double de graisse. » — « Et pour le
« déjeuner ? » — « Aujourd'hui, c'est *vigile*, on ne donne
que de la soupe maigre, un peu de poisson et un morceau de *Gogelhopf*, à midi ; demain, jour de fête, chacun

aura droit à deux saucisses grillées en plus du rôti,
sans compter, bien entendu, le verre de vin. » — « Et
« pour le blanchissage ? » — …

Laissons Charles passer successivement chez le curé
de Mödling, à l'institution Kudlich, chez Blöchlinger, à
l'Institut polytechnique, essayer tour à tour de la littérature, de la philologie, du commerce. Rien ne réus-
sissait comme on l'aurait voulu.

Ce n'était cependant pas un mauvais garçon que ce
Charles. On a de lui des réflexions assez fines, il était
assez bon musicien, un peu poète et lettré : « Vous pouvez
« lui poser une énigme en grec », disait fièrement son
oncle. Mais il tenait de sa mère un invincible penchant
pour le plaisir. Comment l'empêcher d'aimer le café,
le billard, les bals et la société de « certaines demoiselles
« rien moins que vertueuses », toutes choses sur lesquelles Beethoven n'entend pas raillerie ? — « Une nuit
« au *Prater*, au bal ; découché deux nuits ! » note anxieu-
sement le pauvre maître sur son calepin. Et Charles lui
réclamant des comptes fantastiques de blanchissage, il
soupçonne là-dessous des dettes, il épie les commérages
des logeuses, il va jusqu'à suivre l'écervelé à la *redoute !*
Vaine surveillance : « Je suis devenu moins bon », dira
Charles, « dans la mesure où mon oncle m'a voulu
meilleur. » Des reproches les plus violents, Beethoven
passe à l'expression de la plus folle tendresse. Chez
Blöchlinger, on l'entend crier de toute la force de ses
pauvres poumons malades : « Tu me déshonores ! Mon
« nom est trop connu à Vienne… » ; et il tousse, crache,
agite en parlant son mouchoir, au grand dégoût du ser-
monné. « Ah ! par pitié ! » écrira-t-il une autre fois,
« ne fais plus saigner mon pauvre cœur ! » Et finale-

ment, quand, après la catastrophe du 30 juillet 1826, la tentative de suicide provoquée en grande partie par tous ces tiraillements, Beethoven ira visiter le « garne- ment » sur son lit d'hôpital, c'est d'une voix suppliante qu'il murmurera : « Si tu as quelque ennui caché, fais- « le-moi connaître... par l'intermédiaire de ta mère. » Mais, à ce moment, excédé par la sollicitude de cet oncle trop aimant, Charles se retourne du côté du mur... Quelle blessure dans le cœur de Beethoven ! Et que d'autres déboires, encore, toujours venus de cette mère « rompue à l'intrigue et aux trahisons ». Au cours de son procès, n'avait-elle pas excipé du manque de par- chemins pour contester à son beau-frère cette particule *van* à laquelle il tenait tant et faire annuler le juge- ment ? Quel affront pour l'homme dont les sentiments anti-démocratiques s'étaient si souvent affirmés ! Qu'on se rappelle son dédain pour la « populasse », la « *plebs* », cette *vile multitude* que stigmatise M. Romain Rol- land ; son : « Je ne compose pas pour les galeries ! » au baron Braun, et le mot à Hiller : « *Vox populi, vox* « *Dei*, voilà un proverbe que je n'ai jamais pris au « sérieux. »

Désormais le maître allait se trouver à l'étroit dans la vaste capitale : « L'homme supérieur ne doit pas être « confondu avec le bourgeois... et je l'ai été ! » Et il se terre et boude la société. On ne le voit plus. Il ne fait exception qu'en faveur d'un seul, son « gracieux sei- « gneur » l'archiduc Rodolphe, auquel il donne leçon plusieurs fois par semaine et qui, dans cette partie de la vie de Beethoven, semble couvrir son maître de son ombre tutélaire.

Douce figure de grand seigneur, enthousiaste et

modeste, d'une délicatesse quasi-féminine. Toujours
indulgent aux sautes d'humeur du pauvre sourd, l'écou-
tant avec patience déblatérer contre l'État autrichien
qu'il charge de tous les méfaits, depuis le mauvais service des domestiques jusqu'au médiocre fonctionnement
des cheminées. Au palais impérial, l'archiduc fera
tomber devant Beethoven toutes les barrières de l'étiquette. On le verra se donner la peine de lui chercher
lui-même un logement à Baden et employer son influence
à caser de pauvres musiciens recommandés par
Beethoven. Au moment du *Finanz-Patent* de 1811 et
de la banqueroute réduisant de quatre cinquièmes le
florin-papier, il fera le geste généreux de servir à son
maître sa pension intégrale, bien que la loi ne l'y
obligeât point, entraînera par son exemple les autres
contractants, et, calmant les impatiences de Beethoven,
il interviendra dans les rouages du procès Kinsky pour en
obtenir l'heureuse solution. Son témoignage soutiendra
Beethoven contre les calomnies de sa belle-sœur qui
s'était traînée jusqu'aux pieds de l'empereur, ou contre
la perfidie du juif Pulai qui s'était vanté de perdre le
musicien aux yeux de la Cour en lui prêtant des propos
athées. « Son Altesse impériale sait avec quel scrupule
« j'ai toujours rempli mes devoirs envers Dieu, la nature
« et l'humanité. » Aussi mérita-t-il que Beethoven écrivît
de lui à son frère : « Je suis avec Monseigneur sur un si
« bon pied d'intimité qu'il me serait extrêmement pénible
« de ne pas lui témoigner mon zèle. » Et l'on peut dire
que la reconnaissance fît spontanément éclore dans le
cœur du maître les plus émouvantes inspirations de sa
dernière manière.

Nous voici en 1818, au moment où les critiques de la

L'ARCHIDUC RODOLPHE D'AUTRICHE
(1788-1831)
Cardinal archevêque d'Olmütz.
(Société des amis de la Musique. Vienne.)

Gazette musicale universelle, toujours perspicaces[1], écrivent : « Beethoven n'est plus occupé qu'à des bagatelles ; il semble devenu tout à fait impuissant à écrire de grandes œuvres. » Lui-même allait se charger de « ras- « surer ses amis sur son état mental ». Depuis quelque temps, on le voit s'enfermer dans la bibliothèque de l'archiduc, cette collection unique de musique ancienne [2] qu'il avait contribué lui-même à enrichir du fonds Birkenstock ; il passe des heures entières penché sur les motets de Palestrina, copiés en partition ou sur les livres d'offices grégoriens. Beethoven va-t-il se faire chantre ? Assurément : chantre des louanges de Dieu.

« Pour écrire de vraie musique religieuse », note-t-il, « consulter les chorals des moines, étudier les anciens « psaumes et chants catholiques dans leur véritable « prosodie. » Et, à Monseigneur, il écrit : « L'essentiel « est d'arriver à la fusion des styles... ce à quoi les « anciens peuvent nous servir doublement, ayant eu, « pour la plupart, une réelle valeur artistique (quant au « génie, seuls, l'Allemand Hændel et Sébastien Bach « en ont eu)... et, si, nous autres modernes, ne sommes « pas encore aussi avancés que nos ancêtres pour la « solidité, le raffinement des mœurs a pourtant élargi « chez nous certains points de vue. » Et cette pensée d'une *tradition élargie* prend corps dans l'œuvre qui sera la *Messe en ré*.

Beethoven a appris que l'archiduc doit être intronisé archevêque d'Olmütz le 9 mars 1820 ; il se propose de

---

[1] Il faut mettre à part le célèbre critique *musicien* Hoffmann dont l'intelligente sympathie mérita de Beethoven ce compliment « qu'elle lui avait fait grand bien ».

[2] Le *Rudolfinum*, actuellement propriété du Conservatoire de Vienne.

lui offrir à cette occasion le fruit de son immense méditation sur le Saint-Sacrifice. Mais quatre ans se passent
avant que la tâche ne soit accomplie. Quatre ans de pau-
vreté pendant lesquels « il immole à son art toutes les
« misères de la vie quotidienne ». — « O, Dieu par-dessus
« tout », écrit-il, « car la Providence sait pourquoi Elle
« dispense aux hommes joies et douleurs. » Dieu permit en
effet que le gage d'amitié devînt pour le grand homme
une source de profit. Toutes les cours de l'Europe furent
invitées à souscrire à un exemplaire manuscrit de la
Messe. Sur dix exemplaires souscrits, trois le furent par
des musiciens, les princes Radziwill et Galitzin et les
membres de la Société Sainte-Cécile de Francfort. Le
roi de France avait bien fait les choses ; il avait envoyé
les 50 ducats de la souscription, pris sur ses Menus
Plaisirs, en y joignant, avec une lettre flatteuse, une
médaille en or à son effigie avec ces mots gravés : *Le
Roi à M. Beethoven* [1]. Beethoven, très fier de ce témoignage, en fit reproduire la gravure qu'il plaça dans sa
chambre, et il chargea son ami Bernard de publier dans
son journal « comment il avait trouvé là un prince de
sentiments généreux et délicats ».

Pourquoi donc n'avait-il demandé aucune souscrip-

---

[1] Au sujet de la lettre d'envoi il importe de relever une erreur com-
mise à l'unanimité par les biographes de Beethoven, tant allemands
que français. Le plus récent, le Dr Riemann, s'y est lui-même laissé
prendre dans sa dernière publication des travaux de Thayer. On fait
signer la lettre royale par un certain gentilhomme de la Chambre. *Ferdinand d'Achâtz*, ou *d'Achâle*... personnage totalement inconnu dans
l'histoire de la Chancellerie française. Il eût cependant suffi, pour éviter
cette bévue, de prendre connaissance du document original au bas
duquel la signature : *Le duc de la Châtre*, s'étale très lisiblement et en
caractères bien français. Comme quoi l'histoire écrite d'après des fiches
ou sur des compilations risque de n'être pas toujours très fidèle...

tion à la Cour d'Autriche ? C'est qu'en ce temps-là ses
amis, le comte Lichnowsky et l'archiduc en tête, lui ont
persuadé d'écrire une Messe tout spécialement pour
l'Empereur. S'ils ont mis à profit les jours de la fête des
personnes impériales pour donner une de ses ouvertures
au théâtre de Josephstadt et pour faire reprendre *Fidelio*
à la Porte de Carinthie, c'est qu'ils espèrent, à la faveur
de ces manifestations de loyalisme, obtenir pour leur
protégé la place laissée vacante par feu Teyber, le
compositeur de la Cour. Le comte Dietrichstein, surin-
tendant de la musique, en fait son affaire. Par amitié
pour l'archiduc, François II, dont le ministre des finances
venait d'autoriser l'introduction, en franchise, d'un
piano anglais destiné à Beethoven, eût peut-être con-
senti à prendre un sourd pour maître de chapelle, sans
l'état précaire des finances autrichiennes. Mais Teyber
ne fut pas remplacé. Et l'on ne saurait en faire un crime
au souverain qui, après Austerlitz, supprimait les des-
serts sur toutes les tables de la famille impériale pour
donner quelques florins de plus à la défense du pays.
On hésita longtemps à informer le bon Beethoven de ce
nouveau déboire. La Messe de l'Empereur devait rester
inachevée. Beethoven était d'ailleurs dans l'enfantement
d'un nouveau chef-d'œuvre : la IXᵉ symphonie, qu'il des-
tinait à ses amis de la *Philharmonic Society* de Londres.
Tout l'irrite alors. Il quitte une villa parce que son
propriétaire, le baron Pronay, lui adresse un salut
aimable toutes les fois qu'il sort de chez lui ; il court
nu-tête sous l'orage, oublieux de l'heure du dîner, parfois de celle du coucher ; on le prend pour un vagabond
et on l'emmène au poste. — Le colosse sort enfin tout
armé du cerveau de Jupiter ; et voilà Jupiter tout ragail-

lardi. Cette fois, les Viennois, en dépit de la vogue de
Rossini, lui préparent un triomphe sans précédent. C'est
l'Adresse des Trente, c'est le désintéressement des
artistes qui refusent leur cachet de répétitions : « Tout
ce qu'on voudra pour Beethoven ! » ; c'est, malgré les ter-
ribles difficultés vocales qu'il s'obtine à ne pas modifier,
l'enthousiasme de ses solistes, de la célèbre Sonntag, de
Caroline Unger, et aussi de ce Preisinger qui savait par
cœur toutes ses symphonies. Ce sont enfin les inou-
bliables journées des 7 et 23 mai 1824 où des foules fré-
missantes acclament le maître qui, hélas ! ne pouvait
plus les entendre. Dans les rues de Vienne, tout le monde
le salue ; les éditeurs s'arrachent ses œuvres ; l'annonce
d'un nouveau quatuor suffit à remplir une salle ; les premiers violonistes de l'époque, Böhm, Mayseder, se dis-
putent l'honneur de le jouer dans un de ces nombreux
restaurants du *Prater* où les horloges à musique son-
nent l'ouverture de *Fidelio*.

Sa résidence d'été devient un lieu de pèlerinage où
se succèdent des visiteurs venus des quatre points car-
dinaux. Mais n'obtient pas qui veut audience du vieux
lion au gîte. Il faut pour cela un visa de son État-major,
le *General-lieutenant* Steiner, et son *Adjudant*, le petit
Tobias Hasslinger. Encore le *Generalissimus* Beethoven
se réserve-t-il de décider en dernier ressort. Ces sobri-
quets facétieux lui servent à désigner les propriétaires
du bureau d'édition de la rue *Pater Noster*, son pied-à-
terre, sa boîte aux lettres à Vienne, pendant ses villégiatures d'été.

Qu'on imagine cette ruelle, à quelques pas du
Graben. Il est quatre heures ; le soleil décline. Sur le
trottoir, une cinquantaine de jeunes gens, artistes, com-

positeurs pour la plupart, se sont postés, faute de
place dans l'étroit magasin de musique. Ils guettent la
visite hebdomadaire de Beethoven. Voilà qu'au tournant
de la rue, paraît un petit homme trapu, à l'air ren-
frogné, aux yeux vifs sous des sourcils grisonnants, les
cheveux en broussaille débordant un *haut-de-forme* gris
à larges bords. Avec son teint de brique, son foulard
blanc, son col dont les pointes lui entrent dans les joues,
avec sa longue redingote bleu clair qui lui tombe jusqu'aux chevilles et dont les poches sont bourrées de
papiers et de cornets acoustiques, avec son binocle
ballant et sa démarche gesticulante, il est la figure légen-
daire devant laquelle s'esclaffent les gavroches viennois et qui faisait dire à Mme de Breuning : « Je n'ose
vraiment me promener avec lui ! » — Cependant les
cœurs battent... On tend l'oreille pour deviner les
réponses à l'étrange monologue qu'est sa conversation
avec Steiner.

En dépit de son abord peu engageant, le maître recevra
toujours avec bienveillance les jeunes compositeurs :
« Je n'ai pas beaucoup de temps, mais apportez-moi
quelque chose... [1] »

Et, sous les grappes rouges des tonnelles où il aime
à trinquer avec ses visiteurs, Beethoven verra défiler
Rossini, dont il plaisante l'ignorance tout en adorant
son *Barbier*, Weber, en qui il saluera le créateur de
l'opéra allemand : « Diable d'homme ! Heureux gredin ! »
ainsi qualifiera-t-il l'auteur d'*Euryanthe ;* puis F. Wieck,
le futur beau-père de Schumann, qui obtiendra une dernière improvisation sur un piano délabré, Schubert,

---

[1] Ce sont les propres paroles avec lesquelles nous accueillit, cin-
quante ans plus tard, notre maître César Franck.

qui a vendu ses livres pour entendre *Fidelio* et auquel
Beethoven reconnaîtra « l'étincelle divine », Freuden-
berg, l'organiste, qui recueille sa pensée sur Palestrina
et la musique d'église, le fabricant de harpes Stumpff,
auquel il prédit : « Bach revivra lorsqu'on se remettra
« à l'étudier... », et tant d'autres.

A tous il apparaît jovial, fécond en calembredaines
musicales ou autres ; s'il critique la politique, l'empereur,
la cuisine, les Français, le goût viennois... c'est sans
amertume, et, comme le dit Rochlitz : « Tout finit par un
bon mot. »

En ce moment, il est tout entier à sa joie d'avoir à
composer trois quatuors, commande du prince Galitzin,
dont le paiement lui assurera son pain de tous les
jours, mais que le grand seigneur russe, frappé par une
succession de revers, ne devait malheureusement pas
rembourser à temps. « Si ma situation n'était pas précisé-
« ment de n'en avoir point, je n'écrirais plus que des
« symphonies et de la musique d'église, tout au plus des
« quatuors, » répond-il aux éditeurs, à son frère, aux
amis qui le pressent de composer un opéra, « seul travail rémunérateur ». Il est assailli par une nuée de gens
de lettres, poètes, poétesses, librettistes : Grillparzer,
Sporschill, la majoresse Neumann. On va jusqu'à lui
proposer d'écrire une ouverture pour la synagogue :
« Ce serait la *forte somme !* », déclare le neveu Charles.
Mais Beethoven ne les écoute pas. Sa pensée est ailleurs.

A quoi bon des livrets romantiques comme *Mélusine*
ou d'insipides aventures historiques ? Le but de l'artiste
n'est-il pas de *servir* à sa manière et de montrer l'homme
aux prises avec l'éternel conflit du bien et du mal ? A
la *Victoire de la Croix*, cet oratorio dont le sujet lui plai-

sait, mais que les allégories de Bernard avaient
déformé, il préférera le poème de *Saül et David*, où la
même idée est traitée plus simplement, plus synthéti-
quement. Nous savons par Holz dont l'esprit caustique
avait su prendre de l'influence sur le maître aux dépens
de Schindler, qu'il en avait entièrement combiné le plan
dans sa tête. Un double chœur, à l'instar de la tragédie
grecque, devait tantôt participer à l'action, tantôt lui
servir de commentaire, et l'emploi des vieux modes
grégoriens y eût indiqué aux musiciens une voie nouvelle.

Hélas! pas plus que la X° symphonie, pas plus que
le *Requiem* ou le *Te Deum* projetés au sortir d'une grand'
messe à Saint-Charles, l'oratorio ne devait arriver jusqu'à nous. Après tant d'autres joies, cette dernière joie
allait échapper à Beethoven.

Il revenait d'un séjour chez son frère, l'ex-pharmacien,
qui lui avait fait, avec beaucoup de cordialité, les hon-
neurs de sa nouvelle propriété de Wasserhof. En ren-
trant à Vienne, Beethoven avait ressenti un grand
frisson et s'était mis au lit. Il ne devait plus se relever.

Adieu les projets de voyage au pays de Palestrina
et dans cette Provence « où les femmes ont le type de
« Vénus et le parler si doux ». Adieu le Pactole anglais ;
adieu le rêve d'une « calme vieillesse au sein d'une
« petite Cour, où l'on pourrait écrire à la gloire du Tout-
« Puissant », avant de s'éteindre « comme un vieil en-
« fant » entre les portraits des maîtres qu'on a aimés. —
Beethoven n'aura pas « d'espace à soi », de modeste
maison, comme il l'avait souhaité. Même les plans
d'avenir qu'il formait pour son Charles, il y devra
renoncer. Son neveu est aujourd'hui simple *cadet* au

8ᵉ régiment d'infanterie, à Iglau, et Beethoven écrit :
« Toutes mes espérances s'évanouissent d'avoir auprès
« de moi un être en lequel j'aurais vu revivre le meilleur
« de moi-même. »

Cependant, sa confiance en Dieu restait inaltérable :
« Il se trouvera bien quelqu'un pour me fermer les
« yeux. » Et voilà que la Providence a mis sur son
chemin le petit de Breuning. Est-ce sa jeunesse qu'il
retrouve sous les traits de ce gracieux enfant? On le
dirait, car, presque en même temps, dans une lettre de
ses vieux amis Wegeler et Éléonore, lui arrive, comme
une bouffée d'air natal, un peu de ces souvenirs de
Bonn toujours présents à son cœur : « J'ai encore la
« silhouette en papier de ta *Lörchen!* » — Sa pensée va
retrouver « les belles contrées où il a vu le jour ». Ce
qui bourdonne en ses oreilles, n'est-ce pas le bruit des
cloches des Minimes, de l'église qui l'a vu tout petit à
l'orgue, quand il prenait les mesures du pédalier,
retrouvées après sa mort dans ses paperasses? La couleur de ce vin mousseux qu'on lui envoie de Mayence
n'évoque-t-elle pas la gaieté des rives ensoleillées du
« Rhin, notre père »? Et ce portrait de l'aïeul, qu'il a
sauvé de la succession paternelle, comme il s'y recon-
naît maintenant ; avec quelle satisfaction il le con-
temple !

C'est alors, nous apprend de Lenz, que ses amis
constatent la disparition de la fameuse inscription
théiste du temple égyptien. Par quoi est-elle remplacée
à son chevet? Par l'*Imitation de Jésus-Christ*.

On le trouve en train de lire la vie de Bach par
Forkel et d'en souligner des passages. Sur son lit, il
s'occupe, avec une joie d'enfant, à feuilleter la magni-

fique édition Hændel dont Stumpff vient de lui faire
hommage, ou encore la collection des premiers *lieder*
de Schubert. Il se régale des friandises que lui apportent
ses amis. La soupe de Mme de Breuning, les compotes
de Pasqualati, et jusqu'au punch glacé qu'autorise le
docteur Malfatti, réconcilié et plus indulgent que les
autres aux fantaisies du malade, lui font un peu oublier
les « *soixante-quinze* fioles de médicaments, sans
« compter les poudres », les bains de vapeurs aroma-
tiques et ces ponctions répétées dont on attend, en vain,
un soulagement. Il trouve encore moyen de décocher
ses habituelles saillies aux doctes messieurs de la
Faculté : « *Plaudite, amici, finita est comœdia* », dira-t-il,
lorsqu'après une longue consultation, il les voit tourner
les talons [1]. Il bénit enfin la *Philharmonic*, dont le royal
cadeau de cent livres sterling le délivre des derniers
soucis d'argent, et il paraphrase lui-même le chœur de
Haendel : *De celui qui me rendrait la santé le nom
serait Tout-Puissant*. Aussi n'est-il pas surpris lorsque
son médecin l'avertit que le moment est venu de remplir les derniers devoirs du chrétien. Laissons parler
Wawruch : « Il lut mon écrit avec une sérénité admirable, lentement et en pesant chaque mot. Son visage
était comme transfiguré. Puis, me serrant la main :
Faites mander M. le curé, dit-il, et, avec un sourire
amical : *Je vous reverrai bientôt...* Alors, il retomba
dans le silence et dans la méditation. »

---

[1] V. Wilder et quelques autres biographes ont voulu transposer cette
phrase après la réception des derniers sacrements. Il est bien prouvé
maintenant que ladite transposition constitue historiquement un faux.
Voy. dans Thayer, t. V, p. 485 à 490, le dernier état de la critique
allemande sur ce sujet.

LE PREMIER TOMBEAU DE BEETHOVEN AU CIMETIÈRE DE WÆHRING
(Croquis d'après nature de M. Vincent d'Indy, 1880.)

Émouvant spectacle, en vérité, que celui de l'auteur de la *Messe en ré*, donnant au monde l'exemple d'une mort chrétienne. Schindler, Gérard de Breuning, Jenger et la dame van Beethoven ont vu le malade joindre les mains et recevoir, avec une ferveur édifiante, le Viatique et l'Extrême-Onction : « Merci, monsieur le curé, « vous m'avez apporté la consolation », dit-il ensuite, puis il adressa à Schindler ses dernières recommandations.

On connaît la terrible agonie, les paroles entre-coupées : « Entendez-vous la cloche ? — Voici que le « décor change ! », et la mort dans un éclat de tonnerre, au milieu d'une tempête de neige.

C'était le 26 mars 1827. — Tout Vienne assista aux funérailles.

Quelques mois plus tard, dans ce *Schwarzspanierhaus* encore tout imprégné des sublimes inspirations des derniers quatuors, les éditeurs viennois se disputaient, pour quelques florins, les manuscrits de Beethoven. Le marteau du commissaire-priseur s'abattit sur d'inestimables reliques. « Personne ne dit plus mot. —Adjugé ! »

VI

LA MUSIQUE

3e période (Réflexion).

Une particularité curieuse et qui mérite d'être signalée, c'est la soudaineté des transformations du style dans le *processus* de l'art beethovénien. Les transitions n'y existent pour ainsi dire pas, et très rares sont les pièces présageant le changement subit qui va s'opérer d'un style à l'autre.

Si la deuxième manière, séparée de la première par un monde, celui de l'*expression*, se laisse à peine deviner dans le *largo* de l'*op. 10*, le passage de cette seconde époque à la troisième est bien plus tranché encore. Il n'y a presque plus rien de commun, comme esprit, entre les sonates *op. 101* et *102*, qui ouvrent cette dernière période et les œuvres similaires, même *avancées*, de la précédente, l'*op. 81* et *90*, par exemple. Seule, une inspiration de tendre et absolue beauté, témoignage ému de sympathie pour une grande douleur : le *Chant élégiaque* pour quatre voix et instruments à cordes, sur la mort de la baronne Pasqualati, fait déjà pressentir les religieuses effusions de la *Messe en ré*.

Qu'y a-t-il donc de modifié dans l'état d'esprit de Beethoven pour que sa production artistique devienne tout à coup, dès 1815, aussi différente de ce qu'elle était en 1814 ? A quel événement attribuer ce changement soudain ? — En vain tenterait-on de rattacher ce nouveau style à une cause *extérieure* quelconque. La source de l'évolution qui nous occupe ne doit être recherchée que dans l'âme du poète ; c'est de son cœur qu'elle jaillit pour aller abreuver d'ondes vivifiantes tous les cœurs assoiffés d'idéal. Nous n'assistons plus, comme dans la deuxième époque, à une extériorisation de sentiments, mais, au contraire, au travail tout *intérieur* d'une pensée de génie sur elle-même, dans une âme fermée aux bruits et aux agitations du dehors.

C'est pourquoi nous avons nommé ces douze dernières années de la vie du héros, période de *réflexion*.

Essayons de préciser en quelques mots la situation

morale de Beethoven à ce moment de sa vie. — Il est
arrivé à sa quarante-cinquième année sans avoir trouvé
l'âme féminine qui aurait pu donner à sa vie d'isolé les
adoucissements de l'affection conjugale et de la famille.
Toutes les femmes qu'il avait désirées pour compagnes
de son existence sont mariées. Si Juliette, comtesse de
Gallenberg, tente un jour de se rapprocher de lui, ce
sera sous l'aiguillon de la misère et pour obtenir une
aide pécuniaire en faveur de son mari : « Il étoit tou-
« jours mon ennemi et c'étoit justement la raison que je
« fasse tout le bien possible. » Amélie Sebald est la femme
d'un conseiller d'État, et Thérèse Malfatti est fiancée au
baron Drosdick, qu'elle épousera l'année suivante.
Beethoven a renoncé à chercher inutilement le *Gegenliebe* qu'il a si souvent chanté... ; il a renoncé à l'amour.

Si parfois il lui arrive encore de jeter les yeux sur
un être féminin, s'il écrit : « L'amour seul peut donner
« une vie heureuse. — O Dieu ! laissez-moi enfin trouver
« celle qui doit me raffermir dans la vertu, et qui soit à
« moi ! », tout cela n'est que la dernière lueur d'une
flamme qui s'éteint, le dernier feuillet d'un livre qui va
se fermer à jamais et dont il scellera la fermeture par
deux beaux poèmes vocaux : *A la bien-aimée lointaine*
et *Résignation*. Après l'année, si glorieuse pour lui, du
congrès de Vienne, il reste cependant dépourvu de
situation officielle. Sa pension réduite suffit à peine à ses
besoins et surtout aux dépenses de ce neveu Charles qui
lui donne si peu de satisfactions. D'autre part, la surdité, alors absolument complète (les innombrables
cornets acoustiques de Mælzel lui sont devenus à peu
près inutiles), lui interdit, non seulement toute relation
suivie avec ses semblables, mais encore les plus élé-

mentaires fonctions de son art. Isolé en tout, sans
épouse, sans amante, sans position, sans ressources,
privé même d'entendre sa propre musique, il est, pour
ainsi dire, comme un mort vivant.

Que fait alors Beethoven ? — Bien loin de se livrer au
désespoir, de vouloir en finir avec une vie misérable
qui ne lui offre plus aucun attrait extérieur, il regarde
en lui-même, dans cette âme qu'il s'est toujours efforcé
de diriger vers Dieu, source de tout bien et de toute
beauté. « Oui, » disait-il à Stumpff en 1824, « qui veut
« toucher les cœurs devra chercher en haut son inspi-
« ration. Sans quoi il n'y aura que des notes — un corps
« sans âme — n'est-ce pas ? Et qu'est-ce qu'un corps
« sans âme ? De la poussière, un peu de boue, n'est-ce
« pas ? — L'esprit devra se dégager de la matière où,
« pour un temps, l'étincelle divine est prisonnière.
« Pareil au sillon auquel le laboureur confie la pré-
« cieuse semence, son rôle sera de la faire germer, d'en
« obtenir des fruits abondants, et, ainsi multiplié,
« l'esprit tendra à remonter vers la source d'où il
« découle. Car ce n'est qu'au prix d'un constant effort
« qu'il pourra employer les forces mises à sa disposition,
« et que la créature rendra hommage au Créateur et
« Conservateur de la Nature infinie. »

Et il arrive ainsi à vivre d'une vie purement
intérieure, d'une vie presque monacale, contemplative,
intense et féconde. Il crée, non plus en vue d'un éphémère succès, comme dans sa jeunesse, pas davantage
pour épancher au dehors ses impressions, ses sentiments,
ses passions, comme dans sa seconde époque ; il crée
en pleine joie ou en pleine douleur, dans le but unique
de rendre meilleure cette âme en laquelle il vit, seul.

Voilà la cause véritable du changement de style auquel nous devons la *Messe* et la IXe Symphonie.

Après le congrès de Vienne, nous observons, non sans surprise, une sorte de temps d'arrêt dans la production de ce fécond génie. La *Gazette musicale* n'a pas tout à fait tort, il compose peu : deux sonates seulement pour toute l'année 1815, une seule en 1816. En 1818, rien autre chose que quelques *lieder* et une esquisse pour quintette à cordes. Que se passe-t-il donc ? — On pourrait alléguer les soucis causés par l'éducation de son neveu, ses interminables procès, les mémoires juridiques qu'il tient à rédiger lui-même... Mais n'avons-nous pas constaté que ni les voyages, ni les mille détails de la vie extérieure, ni l'amour même dans le paroxysme de la passion, n'ont réussi jusqu'ici à arrêter chez Beethoven le cours exubérant de la production?.. La vraie raison de ce silence, c'est que pendant ces trois années où il se voit en quelque sorte forcé de vivre en lui-même, Beethoven *réfléchit...* Ainsi fera Richard Wagner, à l'aube de sa troisième manière. Et le résultat de cette longue réflexion sera que l'auteur de la sonate, *op. 57*, du VIIe quatuor, de la VIe symphonie, aura alors — et alors seulement — conscience de *savoir composer !*

Il le déclare à plusieurs reprises, à propos, par exemple, de l'*op. 106 :* « Ce que j'écris maintenant ne « ressemble pas à ce que je faisais autrefois ; c'est *un* « *peu meilleur...* » — A l'Anglais Potter, qui lui parlait, en 1817, à Nüssdorf, de l'ébouriffant succès du *Septuor,* Beethoven répond : « En ce temps-là, je n'entendais « rien à la composition ; maintenant, JE SAIS COMPOSER ! »

Composer...?

Combien est-il de gens, en France, — depuis qu'en notre pays latin on a abandonné les études latines — qui sauraient donner de ce terme une exacte définition ? A coup sûr la plupart de ceux qu'on appelle *compositeurs* en seraient tout aussi incapables que nos primaires...

Composer... *componere :* poser avec — établir ensemble — constituer côte à côte. Voilà pour le sens matériel, terre à terre du mot. Mais les latins attachaient à ce noble vocable un autre sens plus abstrait, contenant une idée de comparaison, d'étiage, de proportion et d'ordre,

Si parva licet *componere* magnis

qui en modifiait singulièrement la signification première. Et c'est cette acception seule qui doit être appliquée à l'œuvre d'art.

Nous ne pensons point nous écarter de notre sujet en examinant les diverses phases de ce travail d'enfantement. Par là nous pénétrerons plus profondément la pensée de notre héros, nous dévoilerons, autant qu'il est possible de le faire, le mystère de sa création artistique.

En toutes choses humaines, en art surtout, on distingue la *matière* et la *forme*. Formuler la matière musicale et l'ordonner de façon à la *mettre en œuvre*, n'est-ce pas là toute la composition ?

En musique, l'agent principal de l'œuvre est ce que nous appelons *thème* ou *idée*. On peut en donner la définition suivante : l'*idée* musicale est constituée au moyen d'éléments sonores, fournis par l'*imagination*, choisis par le *cœur*, mis en ordre par l'*intelligence*.

Il serait trop long d'entrer dans les détails, mais il faut conclure que si l'intelligence *seule* ne peut enfanter que des productions toujours froides et, tranchons le mot, inutiles lorsque l'étincelle instinctive du génie ne vient pas les alimenter, d'autre part, l'instinct *seul* demeure totalement impuissant à édifier une œuvre et n'arrive, sans l'aide de l'intelligence, qu'à balbutier d'ingénieuses mais toujours éphémères improvisations. Ces deux facultés, toutefois, ne suffiraient pas à l'éclosion d'une belle œuvre, si le sentiment, l'émotion, le *cœur*, en un mot, ne venaient en choisir les éléments expressifs, et animer ainsi la superbe, mais rigide statue, en lui donnant, par l'opération de son souffle divin, et le mouvement et la parole.

Et qu'on ne croie point que ce que nous venons d'exposer représente un *système* de composition — celui du seul Beethoven, par exemple — et qu'il en puisse exister d'autres. Non, ceci est la *composition même* et, s'il est naturel que les divers artistes diffèrent sur le détail, tous les génies — tous ceux, du moins, dont il a été permis de contrôler le travail — n'ont jamais procédé autrement. Karl von Dittersdorf (1739-1799), ce compositeur de second ordre, peut-être, mais si intéressant par sa culture et son intelligence, a fort bien résumé, dans ses Mémoires, ce que nous affirmons ici : « Je m'étais rendu compte », écrit-il, « qu'il faut au compositeur, outre beaucoup de goût, d'imagination, de fantaisie et de connaissances techniques, le génie créateur avant tout. Or, ce dernier, bien qu'il soit un présent de la nature, ne peut être apprécié qu'après que le musicien a acquis une culture suffisante. Dans le cas contraire, le génie se développe comme une plante sauvage, sans ordre, sans force esthétique, sans beauté [1]. »

C'était aussi l'avis de Beethoven. Il professait également l'opinion que cette acquisition de la « culture suffisante », dont parle Dittersdorf, ne peut être que le résultat
d'un travail préliminaire très long et très consciencieuse-
ment accompli. Aussi, séparait-il absolument de ce travail
nécessaire, l'étude de la composition proprement dite :
« Pour devenir un compositeur », disait-il, « il faut avoir
« déjà étudié l'harmonie et le contrepoint pendant une
« durée de sept à onze années, de façon à s'être accou-
« tumé à plier son invention aux règles, lorsque s'éveil-
« leront l'imagination et le sentiment. » Au Dr Pachler,
qui lui présentait un manuscrit à examiner, le maître
répondait que « c'était très bien pour quelqu'un qui
« n'avait jamais appris à composer, mais qu'après une
« étude approfondie de la composition, l'auteur par-
« viendrait à discerner ses nombreux défauts. »

Et c'est ainsi qu'après plus de vingt ans d'une carrière
déjà remplie de chefs-d'œuvre, Beethoven pouvait dire,
à l'aube de sa quarante-septième année : « MAINTENANT,
« JE SAIS COMPOSER ! »

Comment cet état de *réflexion* que nous avons constaté chez Beethoven et qui vient d'aboutir à la certitude
de « savoir composer », va-t-il se traduire en musique ?
— Ce sera par un retour manifeste et conscient vers les
anciennes *formes traditionnelles*. — Qu'on ne se mé-
prenne pas sur la signification de ces mots : retour à la
tradition. Loin de nous la pensée de vouloir soutenir que
Beethoven revient, en pleine maturité, à une imitation
servile des types musicaux en usage chez ses aînés ou

---

[1] Traduction de M. P. Magnette.

ses contemporains, mais ce qu'on peut affirmer c'est
que toute l'esthétique de sa troisième manière s'appuie
sur des formes anciennes, jusque-là inusitées chez lui,
formes dont le noble et généreux atavisme constitue
aux compositions les plus osées un tempérament sain
et robuste, une solide base ancestrale. Et c'est précisément l'emploi nouveau, « élargi », comme Beethoven
le dit lui-même, de ces éléments traditionnels, qui
donne aux œuvres de cette période leur profonde et
incontestable originalité.

Ces formes sont la *Fugue*, la *Suite*, le *Choral varié*.

Élevé, dès sa jeunesse, dans la plus grande admiration et le plus sincère respect pour J.-S. Bach, au point
qu'en 1800, il prend, pour ainsi dire, l'initiative d'une
quête en faveur de Regina Bach, la dernière fille de
l'illustre *Cantor*, et que le 22 avril de l'année suivante,
il est des premiers à souscrire à la publication des
œuvres de l'auteur de la *Messe* en *si mineur* ; plein,
d'autre part, de révérence pour Hændel, Beethoven
n'avait osé s'attaquer à la forme-fugue qu'en de rares
occasions et sans en tirer aucun parti nouveau. Pendant
les deux premières périodes, les fugues ne sont pour
lui que des exercices sans portée, des « squelettes musicaux » (par exemple, la peu intéressante fugue du
IXᵉ quatuor et celle des variations sur un thème du
ballet de Prométhée), ou encore un moyen de développement (IIIᵉ et VIIᵉ symphonies). — A partir de 1815,
tout change à cet égard ; il voit dans la fugue un but,
plutôt qu'un moyen technique. Bien plus, au contact de
son génie, cette forme, si souvent froide et sans accent
chez les musiciens postérieurs à Bach, se fait éminemment expressive. « Il faut introduire dans le vieux moule

« qui nous a été légué un élément véritablement poé-
« tique. » Entre ses mains la forme-fugue aussi bien
que la forme-sonate, deviendra le témoin de ses sentiments intérieurs de calme, de souffrance et de joie.

Les fugues de Beethoven sont, pour la plupart, parfaitement régulières et construites selon l'architecture
traditionnelle. On y rencontre même des artifices de
combinaisons (sujets par diminution, par changement
de rythme, par mouvement contraire, etc.) plus fré-
quemment que dans les pièces similaires de la fin du
xviiie siècle ; mais ce qui les différencie surtout de
ces dernières, c'est la *nature musicale* qui est *Beethoven*,
au lieu d'être Bach ou tel autre... En peut-il être autrement? N'est-ce pas là précisément ce qui fait la force
des formes traditionnelles? Sans que leur ordonnance,
fondée sur la logique et la beauté, soit altérée essentiellement, elles savent se livrer avec docilité à l'étreinte
personnelle de génies très divers, pour l'enfantement
de chefs-d'œuvre nouveaux, mais elles savent aussi
fort bien se refuser aux tentatives des impuissants
incapables de les féconder...

Les fugues de Beethoven diffèrent autant, comme
musique, des fugues de Bach, que celles-ci des fugues
de Pasquini ou de Frescobaldi... et pourtant c'est toujours *la fugue*.

Cette forme, traitée *pour elle-même*, se trouve fré-
quemment chez le Beethoven de la troisième époque ; en
particulier dans les œuvres suivantes :

Sonate pour violoncelle, *op. 102*, n° 2 (1815), Fugue
pour quintette à cordes, *op. 137* (1817), Sonates pour
piano, *op. 106* (1818) et *op. 110* (1821) ; Variations sur
une valse de Diabelli, *op. 120*; Ouverture *sur Weihe*

des Hauses, op. 124 (1822), Messe solennelle (1818-1822), Grande fugue pour quatuor à cordes, *op. 133* (1825), XIVᵉ quatuor, en *ut dièze, op. 131* (1826), sans compter les nombreuses pièces dont la construction est influencée par le principe fugué.

Il n'en est pas autrement de la forme-suite, tombée depuis de longues années en désuétude, et que Beethoven fait revivre dans les derniers quatuors.

Mais c'est surtout le *Choral varié* des anciens âges qui reparaît en cette dernière manière. Il reparaît chez le Beethoven de 1824, dans le même esprit que chez le Bach de 1702 qui, en magnifiant les essais de Pachelbel et de Buxtehude, créa la variation amplificatrice[1]. Comme nous l'avons vu pour la fugue, la *musique* donne aux variations beethovéniennes un aspect si différent de celui des variations de Bach, que les esprits dont le jugement s'arrête à la surface, n'en sauraient, le plus souvent, discerner l'analogie.

Cette sorte de variation, parfois *amplifiant* le thème jusqu'à faire jaillir de lui une mélodie toute nouvelle (XIIᵉ quatuor), d'autres fois le *simplifiant* jusqu'à le réduire à une quasi-immobilité mélodique (XIVᵉ quatuor), nous ne la rencontrons qu'à partir de l'année 1820, dans l'*adagio* de la sonate *op. 109*, ensuite, et avec profusion, dans l'*op. 111*, dans les commentaires si curieux sur l'insipide valse de Diabelli (1823) et enfin, dans les derniers quatuors à cordes. Ainsi on peut dire que cette adaptation toute nouvelle d'une très vieille forme fut la dernière, et non la moins sublime manifestation du génie de Beethoven.

---

[1] Chorals pour orgue, de 1702, 1720, 1750.

C'est donc bien en s'appuyant sur les formes traditionnelles et en les identifiant à sa pensée intérieure que
ce prétendu révolutionnaire a pu si puissamment con-
tribuer au progrès de son art. Et ici, nous prenons le
mot progrès dans son sens étymologique : *progressus*,
marche en avant dans la voie saine et sûre déjà ouverte
par les grands aînés, et non pas dans le sens, qu'on
semble actuellement vouloir lui attacher, de recherche du
nouveau quand même par les moyens les plus dénués
de logique et d'harmonie. « Le nouveau, l'original »,
disait Beethoven, « s'engendrent d'eux-mêmes sans
« qu'on y pense. »

Toutes les productions de cette admirable période
seraient à examiner dans le détail. A ceux qui sont
épris d'Art, cette étude ne pourra que procurer des
joies ineffables. Faute de place, nous ne nous arrêterons
que sur quelques œuvres, nous bornant à indiquer le
caractère spécial à chacune des autres. Mais, avant de
procéder à cet examen, il importe de mettre en lumière
un état d'esprit qui, resté pour ainsi dire en puissance
chez l'auteur de la IXᵉ symphonie, pendant toute la
seconde période, prend, au cours de la troisième, une
importance telle qu'il eût pu servir de point de départ
à une nouvelle transformation, à un *quatrième style*, si
la mort n'était venue, prématurément, couper court à
une carrière déjà si remplie.

Nous voulons parler du sentiment religieux.

Catholique de race et d'éducation, Beethoven reste
en sa vie et en ses œuvres un croyant. Il croit en un
Dieu qui prescrit de « s'aimer les uns les autres », de
« pardonner les injures », en un Dieu qu'il « n'a cessé

« de servir depuis sa plus tendre jeunesse », en un juge
« devant lequel il pourra paraître sans crainte un jour ».

Le poète qui sut faire, dans sa dernière symphonie,
une si belle apologie de la Charité, pratiquait-il sa religion ? Question délicate à trancher. D'aucuns ont cru
pouvoir le faire sans l'appui de documents probants.
Ce dont on a la preuve, c'est qu'il faisait maigre le vendredi, jeûnait les veilles de fêtes, disait matin et soir
la prière avec son neveu et tenait à ce que celui-ci
apprît le catéchisme, « car c'est sur cette base seulement
« qu'il est possible d'élever un homme ».

Ce qui apparaît de façon certaine, dans ses écrits
comme dans ses œuvres, c'est la tendance, de plus en
plus accentuée, vers la musique purement religieuse. Au
culte de Dieu dans la nature, a succédé, chez Beethoven,
le désir de Dieu pour Dieu lui-même, et, nous l'avons vu,
c'est l'Imitation de Jésus-Christ qui a remplacé sur sa
table et parmi ses objets familiers les livres de Sturm.

Rappelons-nous ses efforts pour s'assimiler l'art des
vieux maîtres des siècles de Foi sans mélange, et sa
résolution de ne plus « écrire que de la musique reli-
« gieuse » ; nous allons pouvoir nous convaincre que cette
résolution ne fut pas un vain mot.

Si l'on ordonne par genre et par dates, comme nous
l'avons déjà fait pour la seconde manière, les œuvres
de la période à laquelle nous sommes arrivés, on
s'apercevra qu'à partir de 1818, après le temps d'arrêt
dont nous avons parlé plus haut, la production *pia-
nistique*, presque complètement laissée de côté depuis
dix ans, se refait nombreuse et féconde en chefs-
d'œuvre. On dirait que, las des sonorités puissantes,

tendres ou pittoresques de la collectivité instrumentale, Beethoven ne veuille dès lors conter ses réflexions qu'à lui-même, en de très intimes musiques.

De 1818 à 1822, ce sont quatre grandes sonates, dix-huit bagatelles curieuses, *op. 119* et *126*, le rondeau du « sou perdu », *op. 129*, et, comme jeu d'esprit entre l'élaboration de deux œuvres presque surhumaines, les trente-trois variations, *op. 120*.

Cependant, tout en écrivant pour le « piano à marteaux » (*Hammerclavier*), il pensait « la plus accomplie « de ses productions », la *Messe solennelle*, dont le travail préparatoire s'échelonne sur ces quatre années. Et ensuite, presque aussitôt, c'est la IXe symphonie...

Mais, après ces deux colossales envolées vers l'amour divin et l'amour humain en Dieu, Beethoven revient à ses réflexions. Sans nous en livrer le secret — bien que nous puissions parfois le soupçonner — il chante en lui-même ce qu'il vient de chanter pour les autres, et, adoptant de nouveau cette forme de musique de chambre si longtemps délaissée, il fait passer toute son âme dans les cinq derniers quatuors.

Faute de pouvoir analyser ici cette légion de chefs-d'œuvre, nous renoncerons à suivre, comme nous l'avions fait jusqu'à présent, l'ordre chronologique afin de terminer dignement notre étude sur ces deux sublimités : la Symphonie avec chœurs et la Messe solennelle.

LES SONATES

Laissons de côté, à regret, la charmante sonate, *op. 101*, que Beethoven dédia à son amie la baronne Ertmann, œuvre où la fugue fait, pour la première fois, son entrée dans la forme-sonate ; passons aussi sur les deux sonates pour piano et violoncelle, *op. 102*, bien que l'introduction de l'une et l'*adagio* de l'autre puissent être comptées parmi les plus hautes inspirations mélodiques du maître. Arrivons à l'année 1818. Représentons-nous le pauvre grand homme forcé, pour subvenir à l'existence journalière, de produire sans répit. Obligé de satisfaire la rapacité des éditeurs, il prend sur ses nuits pour écrire des « Brodarbeiten » : *Andante pour le piano,* — *Six thèmes variés avec flûte, op. 105,* — *Dix chansons russes, écossaises et tyroliennes, variées avec flûte, op. 107,* — *Douze bagatelles, op. 119, un rondeau, op. 129* et *Six bagatelles, op. 126.*

La naissance de l'œuvre 106 vient éclairer ces temps difficiles. Il faut avoir souffert soi-même pour oser s'attaquer à l'exécution de l'*adagio* en *fa dièze mineur,* d'une si grande puissance émotive, et qui passe tour à tour de la plus sombre résignation à la plus lumineuse espérance ! A part la fugue servant de finale, fugue étrange, tourmentée, avec une éclaircie de ciel bleu au milieu, mais qui produit un effet foudroyant lorsque l'exécution est digne de la musique, à part cette fugue, disons-nous, toute la sonate est bâtie dans l'ordre le plus traditionnel, et, malgré cela — peut-être à cause de cela — elle paraît, par le choix des idées et la noblesse de l'architecture, d'une grandeur incommensurable.

Sans nous arrêter à la jolie sonate en *mi,* à deux mouvements, *op. 109,* arrivons à l'*op. 110,* l'une des plus émouvantes compositions de la troisième manière.

Presque toutes les œuvres de Beethoven, au moins les importantes, portent, nous l'avons vu, de significatives dédicaces ; seule, l'œuvre 110 en est privée. Pouvait-il

en être autrement ? Beethoven pouvait-il dédier à un
autre qu'à lui-même cette expression en musique
d'une convulsion intime de sa vie ? Triomphant à ce
moment des premières atteintes de la maladie à
laquelle il devait succomber six ans plus tard, triomphant
également, par le gain récent d'un procès, de tristes
soucis de famille, souffrances pires pour lui que la
maladie même, exultant en la sereine joie du travail sur
la *Messe*, il voulut transcrire en musique le drame moral
dont il venait d'être le principal acteur. Quatre ans plus
tard, il donnera un complément de même nature à
cette sonate : le XVe quatuor. Mais, tandis que le
quatuor n'est, presque tout entier, qu'un religieux élan
de reconnaissance envers Dieu, vainqueur du Mal, la
sonate, elle, nous place en pleine crise : c'est comme
un âpre et terrible combat contre ce Mal, principe d'anéantissement, puis un retour à la vie que célèbre un
hymne de joie triomphal. On pourrait comparer
cette œuvre à l'*op. 57*, bâtie à peu près sur le même
plan ; mais dans la sonate en *la bémol* qui nous occupe,
la remontée vers la lumière est traitée de façon bien
plus émue et plus dramatique.

Au début du premier mouvement, Beethoven présente comme deuxième élément de l'idée initiale le
thème de Haydn qu'il a traité si souvent. Et ici, ce
thème, dernier hommage du maître vieillissant à celui
qui a guidé ses premiers pas dans la composition, nous
apparaît comme une image de la *santé* morale et physique ; aussi l'indication : *con amabilità* nous instruit-
elle de la façon dont il importe de l'interpréter. Après
un *scherzo* qui tranche déjà par son caractère d'inquiétude sur le calme *aimable* du premier mouvement, un

récitatif s'impose, alternant avec des ritournelles de style orchestral. Nous avons déjà rencontré (Sonate *op. 31*, n° 2) cette forme de déclamation sans paroles, nous la rencontrerons encore dans les derniers quatuors et la IX° symphonie. Alors, s'élève, dans le ton de *la bémol mineur*, l'une des plus poignantes expressions de douleur qu'il soit possible d'imaginer. Trop tôt la phrase s'éteint... Elle fait place à la fugue en *la bémol* (majeur) dont le sujet est établi sur le thème *aimable* du premier morceau. On dirait un effort de la volonté pour chasser la souffrance. Celle-ci demeure cependant la plus forte. Et la phrase désolée reprend, en *sol mineur* cette fois. Cette réapparition dans une si lointaine et étrange tonalité, nous transportant dans un *lieu* si différent de celui où se passe le reste de la sonate, nous fait comme assister aux derniers spasmes d'une implacable agonie morale. Mais la Volonté se roidit contre l'anéantissement, et une série dynamique d'accords de tonique amène le ton de *sol majeur*, dans lequel la fugue reprend sa marche, mais présentée par *mouvement contraire*. C'est la résurrection !

Et ici, impossible de méconnaître les intentions de l'auteur qui a écrit, en tête de cette nouvelle apparition du motif de la *santé* renversé, l'indication : *Poi a poi di nuovo vivente*, tandis que le second *arioso* est noté : *Perdendo le forze*. Oui, les forces reviennent, à mesure qu'on se rapproche du *lieu* où la santé se faisait musique, c'est-à-dire du ton initial. Enfin, comme conclusion, un chant d'actions de grâces vient amplifier victorieusement la phrase mélodique et clôt triomphalement l'œuvre qui restera un type d'éternelle beauté. — L'*op. 110* est daté du « jour de Noël de l'année 1821 ».

La Sonate *op. 111*, la dernière grande œuvre de forme-sonate pour piano, est divisée en deux parties, la première, très régulière dans la forme premier mouvement avec deux idées bien différemment caractérisées ; la seconde, intitulée *Arietta* (dans la mesure assez inusitée de 9/16), amenant quatre superbes variations et un important développement final.

LES QUATUORS

C'est incontestablement dans les derniers quatuors et dans la *Messe solennelle* que le génie de Beethoven se manifeste de la façon la plus neuve et la plus complète. Aussi, tandis que toute la *seconde manière* fournissait le répertoire ordinaire des concerts d'orchestre et de musique de chambre, les œuvres en question restèrent-elles longtemps — très longtemps — incomprises, ou même pis : mal comprises... Leur portée artistique dépasse encore notre vingtième siècle.

Nous allons nous efforcer cependant d'en examiner la signification musicale, telle, du moins, que notre faible compréhension a pu nous la représenter.

XII° QUATUOR, *op. 127*, composé en 1824. — Le premier mouvement, par l'uniformité de son rythme et par la pénétration d'une idée dans l'autre, paraît, en raison même de sa monorythmie, se soustraire au plan habituel de la sonate. Il n'en est rien. Le thème d'*introduction* est là, pour fournir l'influence *contraire*, nécessaire dans cette forme de composition. Ainsi, bien loin de rester, comme dans les œuvres antérieures, un prélude passif, l'introduction vient jouer un rôle de première importance dans la construction du morceau, puisque c'est elle qui, par sa triple apparition, en règle l'architecture tonale : *mi bémol, sol, ut.* — La mélodie qui constitue le thème de l'*Adagio* rayonne d'une telle splendeur, qu'en la lisant on se sent à la fois transporté de joie et confondu d'admiration. Cette mélodie est un écho, presque un ressouvenir du : *Benedictus qui venit* de la Messe en *ré*, mais avec une bien plus grande intensité expressive, il faut le reconnaître. Il semble que Beethoven, en ce thème cinq fois varié, ait eu l'intention d'expliquer, à la façon des Pères de l'Église, par un admirable commentaire, la nature de ce *béni, qui vient au nom du Seigneur.* Le changement de *lieu* et de *personne* de la troisième variation, bien que le *principe* reste immuable, confirmerait, selon nous, cette opinion, et deviendrait une figure sensible et musicale de l'*incarnation* de ce *béni...* Quoi qu'il en soit, cet *adagio* restera la plus sublime des prières. — Avec le scherzo et le finale, nous redescendons sur terre et nous retrouvons l'enjouement du Beethoven de la deuxième époque. Le finale nous ramènerait aux impressions pastorales de 1808, si le développement de rêve qui le termine, élevant la phrase quasi-triviale du commencement, jusqu'à d'incommensurables hauteurs, ne venait nous rappeler que tout cela ne se passe plus entre Döbling et Kahlenberg, mais seulement dans l'âme du poète.

XIIIe QUATUOR, *op. 130,* composé en 1825, terminé en novembre 1826. — Le premier mouvement : lutte de deux instincts, l'implorante douceur et la violence inexorable. Le désir de douceur parvient, après bien des combats, à s'infiltrer dans la constitution du thème

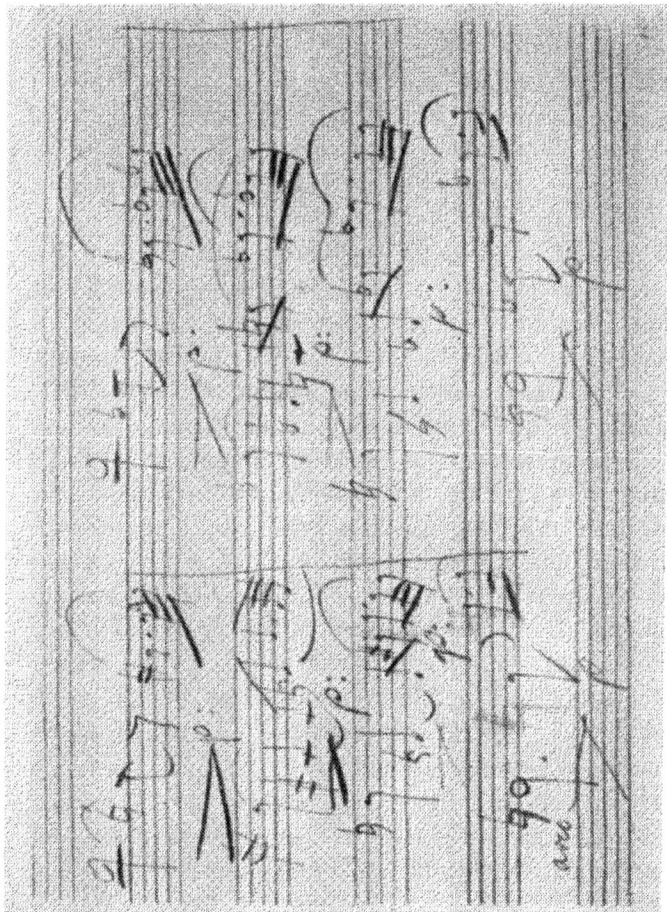

AUTOGRAPHE DU XIIIᵉ QUATUOR (1825)
(Collection de M. Ch. Malherbe.)

violent et à en opérer l'entière conquête. — L'Andante,
généralement mal compris, même par les exécutants
doués de bonnes intentions, est d'une grande beauté,
en sa monotonie voulue, mais il faut savoir trouver et
rendre la si intime expression de la seconde idée...
Beethoven reprend ici un type d'andante qu'il avait
beaucoup employé, puis abandonné depuis plus de
vingt ans, et il sait le doter d'une nouvelle jeunesse.
La *Cavatine* est comme le souvenir effacé, mais encore
plein d'émotion, de deux chefs-d'œuvre antérieurs. Par
sa teinte générale, elle rappelle la poésie triste du
chant élégiaque, *op. 118*, et, par sa construction, le
grand thème d'Adagio de la Symphonie avec chœurs.
— Le finale est une des rares pièces constituées à trois
idées. Ainsi que dans la symphonie héroïque, le troisième thème entre par un ton éloigné, comme un
étranger, mais, bien que provenant d'un pays si lointain, il s'établit enfin dans le même lieu que les deux
autres thèmes, par une sorte de miracle de construction. Ce finale est la dernière composition achevée de
Beethoven. — C'était la *Grande fugue, op. 133*, qui,
dans l'esprit du maître, devait servir de péroraison
au colossal XIII⁰ quatuor. Mais il se résigna à la
publier à part sur les instances des éditeurs. L'œuvre
est extraordinairement intéressante et on se demande
pourquoi l'on ne songe jamais à l'exécuter à sa place,
c'est-à-dire à la fin du quatuor. C'est une lutte entre deux
sujets, l'un doucement mélancolique et bien proche
parent du *thème-clef* du XV⁰ quatuor, l'autre empreint
de la plus exubérante gaieté. Et c'est encore de la très
belle musique.

XIV⁰ Quatuor, *op. 131*, composé en 1826. — Celui-ci
mérite attention, car sa conception et la forme qui s'ensuit sont absolument nouvelles, et ne présentent le
type-sonate que dans un seul morceau sur six. L'architecture de ces six parties, qui se jouent sans interruption, est surprenante par son merveilleux équilibre,
établi selon la formule de cadence de la tonalité d'*ut dièze
mineur*[1]. Une fugue, régulièrement bâtie, dont le sujet
est presque classique, mais dont les développements
magnifient singulièrement la signification, en forme le
majestueux portique. — Ensuite, comme s'il voulait présenter en ce quatuor un historique des anciennes formes,
Beethoven fait revivre, d'une façon charmante, le type-
Suite, dans l'alerte *Vivace* en *ré*. — Après un récit initiateur, l'*Andante* dialogué, en *la majeur*, expose son thème
qui engendre sept variations fort curieuses. Ces variations sont disposées de telle sorte que le thème, pendant
la première moitié du morceau, paraît se figer peu à peu
(s'il est permis d'employer pareille comparaison) jusqu'à
donner l'impression de l'immobilité complète... Rappelé
à la vie par un nouveau récitatif, il ressuscite, comme
à regret, terminant le morceau en quelques soupirs.
— Après un long et joyeux *scherzo* en *mi*, une phrase de
lied en *sol dièze mineur*, profondément émue, prépare
la venue du victorieux *finale*, qui est, enfin! en forme
premier-mouvement et qui ramène mélodiquement le
sujet de la fugue initiale.

XV⁰ Quatuor, *op. 132*, composé en 1825, terminé en

[1] Voici, pour ceux des lecteurs qui ont étudié les artifices harmoniques, l'état de cette formule : 1 : Tonique, 2 : Sous-dominante, 3 : Rel.
de sous-dom., 4 : Relatif, 5 : Dominante, 6 : Tonique.

1826. — Comme la Sonate *op. 110*, ce quatuor tout entier est la représentation musicale du dénouement d'une crise, probablement physique ici, puisque cette composition coïncide avec la maladie, assez grave pour nécessiter un mois de lit, que fit Beethoven, d'avril à août 1825. Mais la crise n'est plus qu'un souvenir et c'est un sentiment d'effusion religieuse, de douce et filiale reconnaissance, qui émane de l'œuvre entière. L'introduction, court motif de quatre notes, donne la clef sans laquelle nul ne peut pénétrer dans le superbe édifice qu'est ce premier mouvement. Dire comment cette clef tourne dans les serrures pour ouvrir une à une toutes les chambres du palais, serait du domaine d'un cours de composition, aussi nous contenterons-nous de signaler la ravissante deuxième idée en trois phrases, selon le système beethovénien, idée dont la troisième phrase réunit à la fois le rythme du thème initial de la sonate et l'harmonie très particulière du *motif-clef* de l'introduction. Certes, il suffit de lire ce premier mouvement, pour être convaincu que Beethoven *savait composer* ! — Un scherzo au trio champêtre — dernier souvenir de la cornemuse du musicien ambulant — nous retrace la démarche, encore mal assurée, du convalescent, en ses premières promenades. — Et puis, c'est le « Chant de celui qui est revenu à la « santé, offrant à Dieu son action de grâces ». Nous disons : à Dieu, car, si on considère la nature de la musique, il serait souverainement ridicule de prétendre que cet hymne parfaitement catholique pût s'adresser à un quelconque Esculape!... A cette époque, Beethoven, pour composer sa Messe, a étudié de près les mélodies liturgiques, il a lu attentivement les œuvres de Palestrina. Il est même hors de doute qu'il doit à la connaissance des maîtres du contrepoint vocal cette entente, nouvelle chez lui, du style polyphonique dont sont rehaussées toutes ses dernières œuvres. On ne saurait donc s'étonner que ce « Chant de reconnaissance *en mode lydien* » soit établi en *sixième mode* grégorien. Le morceau a la coupe d'un *lied* en cinq sections. L'hymne s'expose d'abord, en cinq périodes séparées chacune par un intermède instrumental; puis, vient un épisode où, comme dans l'œuvre 110, le malade « sent de nouvelles forces »; deuxième exposition de l'hymne, mais *linéairement* cette fois, et autour de cette ligne, le thème orchestral, primitivement rigide, se mouvemente et s'émeut. Après un nouvel épisode de forces renaissantes, l'hymne chante une troisième fois, mais ici, il apparaît fragmenté et laisse tout l'intérêt au thème instrumental que l'auteur désire être dit « *con intimissimo sentimento* ». Ce thème devient alors le vrai cantique de l'âme reconnaissante, tandis que la mélodie de l'hymne s'envole vers de plus hautes régions. Et c'est de la pure beauté! — Une marche presque militaire, rude contraste, nous ramène sur la terre, et un récitatif vient donner l'essor au finale, plein de joie, écrit dans la vieille forme du rondeau, ressuscitée pour la circonstance. De ce finale a jailli toute la veine mélodique de Mendelssohn; mais autant la phrase du titan de Bonn est expressive et touchante, autant les idées de l'aimable et correct Berlinois, qui dérivent cependant, en leur essence, de cette phrase, paraissent froides et dépourvues d'émotion.

Le XVIᵉ Quatuor, *op. 135* (1826), est rempli de

grandes beautés, notamment l'*Andante-lied* en *ré bémol*,
écho d'une des plus amères déceptions de Beethoven
père adoptif. Cependant l'œuvre ne peut, à notre avis,
entrer en comparaison avec les quatre précédentes, et
la devinette du finale : *Muss es sein?* n'est pas pour en
relever beaucoup la valeur.

LES LIEDER ET LES CANONS

La production purement vocale de la dernière
manière offre un beaucoup plus grand intérêt que celle
des deux autres périodes. Dans les années 1815 à 1820,
trois *lieder* sont à retenir : *Sehnsucht*, où l'on peut
déjà observer le procédé de répétition, ou plutôt d'écho
employé dans l'andante de la IXe symphonie et la Cavatine du XIIIe quatuor ; puis : *An die Hoffnung, op. 94,*
curieusement disposé au point de vue tonal, presque
un fragment de drame ; la première page, en *si bémol
mineur*, semble une esquisse de l'introduction du troisième acte de *Parsifal*. Enfin : *Résignation*, ce génial appel
à la lumière, l'une des plus concises et des meilleures
mélodies de Beethoven. Nous avons déjà mentionné
l'intéressant *Liederkreis : A la bien-aimée lointaine*, où
l'on pourrait voir le point de départ des compositions
similaires de l'époque romantique. Schumann y excella.

A partir de 1820, à partir de la quasi-découverte par
Beethoven des styles musicaux antérieurs au XVIIe siècle,
on ne trouve plus chez lui, en fait de musique vocale
fugitive, que des *Canons*, à deux, trois et jusqu'à six voix.

On sait combien et avec quelle délicatesse l'art du
Canon fut cultivé par les maîtres anciens qui avaient
coutume de correspondre « canoniquement » et de se

proposer mutuellement des énigmes à résoudre.
Beethoven, reprenant cet usage, se montre, en ces
courtes fantaisies, l'homme aux joyeuses boutades
qu'on pouvait remarquer buvant, à quatre heures, sa
chope habituelle dans un cabaret voisin du rempart.
Les trente canons sont, pour la plupart, des *Gratuliren*
(comme disent les Allemands modernes) ou des jeux de
mots plus ou moins drôles. *Gratulire*, le canon du
dîner de 1817 : on se réconcilie avec Mælzel sur le
thème du *Scherzando* de la VIIIᵉ symphonie. *Gratuliren*, le canon sur le nom de Hofmann, jouant sur le
déplacement de l'accent, le canon sur le nom de
Kühlau (1825), dans lequel, par une bizarre fantaisie,
prennent place les quatre notes significatives du nom
de Bach. Il en est aussi de satiriques : dans celui
qu'il dédie pompeusement au violoncelliste Hauschka,
Beethoven lui enjoint d'écrire une gamme, et voilà
que, dès la seconde entrée, l'*antécédent* monte et des-
cend la gamme de *mi bémol;* il en est d'alertes, comme :
Rede, rede, rede, rede; d'expressifs, comme celui pour
Spohr (1814) : « Courte est la douleur, éternelle est la
joie. » Il en est enfin qui équivalent à de véritables
compositions ; par exemple l'envoi de souhaits de
bonne année à l'archiduc Rodolphe, pour le 1ᵉʳ janvier 1820 : « Tout bien, tout honneur au prince », et la
belle pièce à six voix sur le texte de Gœthe : « Que
l'homme soit noble, généreux et bon » (1823).

Si nous nommons encore, pour mémoire, les deux
cantates avec chœur : *Le Calme de la Mer* (1815) et celle
pour le prince Lobkowitz (1816); si nous y ajoutons
une Marche pour musique militaire, un *Allegro* pour
orchestre (1822) et, même année, l'ouverture pour

l'inauguration du théâtre du faubourg Josephstadt, qui est dans la vieille forme *prélude et fugue*, nous aurons passé en revue toutes les œuvres de la troisième époque, réservant les deux colosses pour le dernier chapitre.

VII

LA *NEUVIÈME* SYMPHONIE ET LA *MESSE* SOLENNELLE

La IXe Symphonie. — La Symphonie avec chœurs est, à notre époque, trop connue pour qu'il soit nécessaire de l'analyser une fois de plus [1] ; nous voudrions seulement tenter ici une explication de ce qui nous semble être, d'après la musique, le véritable sens de cette œuvre. Nous ne prétendons aucunement à l'infaillibilité, mais, si nous nous trompons, ce sera de bonne foi et, à coup sûr, moins grossièrement que ceux qui ont voulu voir là dedans une apologie révolutionnaire de la liberté.

Observons d'abord que *tous* les thèmes-types de la symphonie présentent l'arpège de l'accord de *ré* ou de *si bémol*, les deux assises tonales de l'œuvre ; on peut donc considérer cet arpège comme le véritable *thème cyclique* de la IXe symphonie. L'œuvre entière n'est qu'une lutte entre les divers états de ce thème, inquiet et changeant dans les deux premiers mouvements, apaisé dans l'*adagio* et définitivement fixé dans le finale où les paroles viennent enfin donner son explication.

Le premier mouvement, construit sur un plan impec-

---

[1] On peut lire un très intéressant commentaire sur la genèse de l'œuvre dans le livre de M. Prod'homme : *Les Symphonies de Beethoven.*

cable de Sonate, nous laisse une impression de trouble,
de recherche haletante, presque voisine du désespoir.
L'analogie du thème avec celui de l'orage de la Symphonie pastorale éveille la pensée d'une tempête, non
plus dans un paysage, mais dans un cœur d'homme, et
la mystérieuse question de la deuxième idée, qui reste
ici sans réponse, semble bien justifier cette opinion.
C'est l'âme en proie à l'angoissante torture du doute.
Alors, pour échapper à ce tourment, l'homme se plonge
dans le torrent des passions, et la fébrile activité du
Scherzo, changeant sans répit de rythme et de lieu,
serait la peinture de ce nouvel état. Cependant, dans le
trio, un appel, qui laisse déjà entrevoir la forme « Charité » du thème, se fait entendre à plusieurs reprises,
mais il passe, emporté par le formidable coup de vent
des passions, et le tourbillon reprend de plus belle. Le
mouvement de ce *trio* a été jusqu'ici diversement inter-
prété. La plupart des chefs d'orchestre le ralentissent
désespérément et en font une aimable villanelle tout à
fait en désaccord avec les intentions de l'auteur. Pour
peu qu'on veuille prendre contact avec le manuscrit
original, aucun doute ne peut subsister sur le mouvement que Beethoven y a indiqué : *prestissimo*, et qui
doit, par l'égalité des deux mesures, continuer sans
changement l'allure du *stringendo* qui le précède. — La
troisième pièce, la seule qui soit hors de la tonalité
principale, est une prière dont l'apparente tranquillité
n'exclut pas l'ardeur d'un violent désir. L'âme demande
avec insistance à être éclairée, et, tout à l'heure,
l'intervention divine lui apportera la lumière. Le thème
de cet *adagio*, qui éveille les échos les plus intimes du
cœur, n'est autre que la réponse à la question posée dès

l'entrée du monument ; le Sphinx interrogé rend son
oracle, et cet oracle dit : « Il faut prier. » Mais cette
prière ne va pas sans combats ; un dessin passionné
d'abord, un appel de guerre ensuite (comme dans l'*Agnus*
de la Messe) viennent l'interrompre ; cependant le
flot bienfaisant, par deux fois détourné, reprend son
cours et s'élève, vainqueur du monde, jusqu'au seuil
du temple où va se célébrer le mystère de l'Amour. —
Le noble et généreux motif du finale, déjà pressenti,
nous l'avons vu, dans deux œuvres antérieures [1], c'est
encore l'arpège-clef, mais en place, cette fois, presque
sans mouvement, puisqu'il a enfin trouvé la *certitude*.
Il est réuni par une chaîne de notes secondaires, qui
pourraient symboliser l'union fraternelle des mains
unies par la Charité. Après une double exposition de
ce thème de « mutuel amour », une première variation
nous montre l'âme partant en guerre contre l'armée de
la Haine, contre la foule de ceux « qui n'aiment pas » ;
une deuxième variation nous fait assister à la bataille
et une troisième ramène l'âme victorieuse. — Toutefois,
cette victoire ne suffit pas. Et qui donc a le pouvoir de
rendre l'Amour éternellement durable ? — C'est alors que
s'élève un chant liturgique, un psaume construit dans le
huitième ton grégorien (avec, peut-être, un peu moins de
délicatesse dans l'emploi du *triton* que n'en mettaient les
moines compositeurs du moyen âge). « Regardez, millions
d'êtres, au delà des étoiles, vous y verrez la demeure du
Père céleste, de celui dont découle tout Amour. » Et
la mélodie religieuse s'unit au thème de la Charité pour
conclure en une joie exubérante jusqu'à la frénésie.

[1] Voy. p. 32 et 82.

BEETHOVEN EN 1824
Dessin au crayon de Stephen Decker.

Voilà, ce nous semble, ce qu'il faut voir dans la Symphonie avec chœurs, si on veut la considérer avec les yeux de l'âme.

Et maintenant, comment est construit, au point de vue technique, ce monument dont la conception est si absolument nouvelle? Pour exprimer des choses aussi inusitées, l'auteur va-t-il briser impatiemment les moules anciens, rejeter avec mépris les vieilles formules, fouler aux pieds toutes les traditions ?... Oh ! que non pas ! — Il n'est peut-être pas, dans l'œuvre entier de Beethoven, de symphonie (les deux premières mises à part) qui s'éloigne moins de la forme traditionnelle, que cette *Neuvième*, cependant si monstrueuse aux yeux des contemporains. Le premier mouvement ne s'écarte en aucune de ses parties du type-sonate ; le *scherzo* n'a de nouveau que sa double reprise ; l'*adagio* est un honnête *lied* en sept sections bien tranchées, et le finale un thème avec six variations [1], séparées en deux groupes de trois par l'exposition du chant religieux. Mais la valeur, l'importance et la proportion des éléments choisis par le poète de la Charité ont longtemps — bien longtemps — dérouté ceux « qui ont des oreilles pour ne point entendre ».

La Missa solemnis. — Nous voici en présence de l'un des plus grands chefs-d'œuvre de toute la musique.

---

[1] On est en droit de s'étonner que parmi les historiens des Symphonies aucun ne parle de la faute laissée par Beethoven cinq mesures avant la 5ᵉ variation (*Allᵒ non tanto*), non plus que de celle qui subsiste encore dans la VIIᵉ Symphonie (1ᵉʳ mouvement, 8ᵉ mesure de la réexposition). Il semblerait cependant que le commentaire historique de ces erreurs relevât du domaine de la musicographie...

Seules, des œuvres comme la *Grand'messe en si mineur* de Bach et le *Parsifal* de Richard Wagner, peuvent lui être comparées. Pendant quatre années consécutives, Beethoven édifie ce prodigieux monument et « il en est comme transfiguré », au dire de ceux qui l'approchent. Il vit au-dessus des contingences terrestres et il sait qu'il écrit sur un texte divin. Il s'est fait expliquer minutieusement le sens et l'accentuation des paroles latines du Saint-Sacrifice. Il est armé pour *composer* l'hymne sublime de prière, de gloire, d'amour et de paix, auquel il donne pour exergue : « Sortie du cœur, qu'elle « aille au cœur. »

Doit-on regarder la *Messe solennelle* comme de la musique liturgique ? Répondons hardiment : non. Cet art admirable ne serait sûrement pas *à sa place* à l'église. Hors de proportions avec les cérémonies de l'office divin, la *Missa solemnis* exige l'emploi d'un orchestre considérable peu propre à sonner de façon convenable dans un lieu de prière.

Musique liturgique, non... mais musique religieuse au premier chef, et, de plus, musique essentiellement catholique. — Nous sommes bien éloignés de suspecter la bonne foi de ceux des historiens de Beethoven qui ont prétendu attacher à ce monument unique de l'art religieux un sens simplement philosophique, faire de cette Messe une œuvre en dehors de la foi chrétienne, une manifestation de *libre examen*... (on a été jusque-là !); mais ne pas reconnaître l'esprit même du catholicisme dans la tendresse dont sont entourés les personnages divins, dans l'émotion qui accompagne l'énoncé des mystères, c'est faire preuve d'aveuglement... ou d'ignorance.

Comment — même si l'auteur n'avait pas pris la peine de nous le dire clairement — comment oser prétendre que toute cette Messe n'est pas un ardent acte de foi, que ce *Credo* ne dit pas à toutes les pages : « Je crois, non pas seulement à une vague divinité, mais au Dieu de l'Évangile et aux mystères de l'Incarnation, de la Rédemption et de la Vie Éternelle ? » Comment nier la pénétrante émotion — si nouvelle en musique — qui accompagne ces affirmations, et qui n'est due qu'à l'intelligence catholique de ces dogmes et de ces mystères ? Comment enfin méconnaître le soin, pieusement méticuleux, avec lequel les paroles sacrées sont traitées et traduites en musique, et l'entente merveilleuse des accents expressifs qui en dévoilent la signification à ceux qui savent et qui veulent comprendre ? Il suffit, au reste, de connaître et de sentir pour être convaincu. Nous allons tâcher de faire faire cette connaissance au lecteur, avec l'espoir d'éveiller chez lui ce sentiment de Beauté et de Vérité que réclamait Beethoven lui-même, lorsqu'il écrivait à Streicher : « Mon principal « dessein, en travaillant à la Messe, était de faire naître « le *sentiment religieux* chez les chanteurs comme chez « les auditeurs, et de rendre ce sentiment durable. »

Dès l'entrée du *Kyrie,* on éprouve une impression de grandeur qui n'a d'égale que celle donnée par l'entrée similaire dans la *Grand'messe* de Bach. C'est le genre humain tout entier qui implore la miséricorde divine. Bientôt la tonalité s'infléchit vers le *relatif mineur*; une sorte de marche pénible nous montre le Fils de Dieu descendu sur la terre; mais le mot : *Christe,* établi sur la même musique que : *Kyrie,* symbolise l'identité des deux personnes en un seul Dieu, tandis que le troisième

Kyrie, représentant l'Esprit saint, troisième personne participant à la même divinité que les deux autres, s'établit à la troisième fonction harmonique, la *sous-dominante*, comme trait d'union des trois représentations d'un Dieu unique.

Le *Gloria* s'impose brillamment par une fanfare de trompette confiée aux *contralti* du chœur. Il importe de faire sonner dignement ce motif-type au travers du fracas de l'orchestre ; c'est au chef à s'arranger pour cela... Après le cri de gloire, tout se calme subitement sur les mots : *pax hominibus*, etc. ; et c'est déjà comme l'esquisse, en ses degrés essentiels, du grand thème de Paix qui conclura l'œuvre. Nous ne pouvons détailler tous les versets du *Gloria*, mais notons en passant, sur le *Gratias agimus tibi*, l'apparition d'un dessin mélodique qui deviendra cher à R. Wagner, principalement dans les *Maîtres chanteurs* et la *Walkyrie*. La sonnerie de trompette qui sert de pivot à tout ce morceau, se fait entendre presque constamment, toutes les fois, au moins, que les paroles désignent un appel à la force ou un symbole de puissance. On peut regretter que la fugue finale sur : *in gloria Dei patris*, ne soit pas plus différente de ses congénères, et s'étale, sans plus d'intérêt que les fugues écrites sur les mêmes paroles par les maîtres de chapelle de l'époque. C'est le point faible de l'œuvre.

Avec le *Credo*, nous rentrons dans la cathédrale pour n'en plus sortir. — Et n'est-ce pas, même plastiquement, une vraie cathédrale, que ce *Credo*, ce monument sublime de la foi catholique, avec sa division, si tranchée, en trois nefs, celle du milieu aboutissant à l'autel du sacrifice : *Et Homo factus est ?* — L'ordonnance de cette architecture est une merveille de construction, un miracle d'harmonieux, je dirai plus, de *mystique* équilibre. Qu'on en juge.

Le *Credo* est divisé en trois grandes parties, suivant le système *trinitaire* en usage dans un grand nombre de pièces liturgiques.

La première partie, exposition de la foi en un Dieu unique, comprend elle-même deux affirmations : 1° « Je crois en un seul Dieu, Père tout-puissant » ; 2° « Je crois en un seul Seigneur, Jésus-Christ. » Toutes deux sont établies dans la tonalité principale de *si bémol majeur,* avec inflexion à la *sous-dominante,* après quoi les deux personnes reviennent, sur : *consubstantialem Patri,* s'*unir* sur la tonique.

La seconde partie, c'est le drame évangélique de Jésus descendu sur la terre. Il se présente en trois actes : 1° l'INCARNATION, allant retrouver la tonalité de *ré majeur,* qui est celle de la synthèse de la Messe, sur les paroles : « Et Il s'est fait homme » ; 2° la scène de la PASSION (*Crucifixus*), reprenant en *ré mineur* et procédant en dépression sur les paroles de la mise au tombeau ; 3° la RÉSURRECTION, qui remonte tout à coup pour gagner la lumineuse *dominante : fa majeur.*

La troisième partie est consacrée à l'Esprit saint. Comme la première, elle compte deux subdivisions : 1° l'affirmation de foi relative à l'Esprit et aux dogmes de l'Église ; 2° la célébration du mystère de la Vie éternelle. Toute cette dernière partie ne quitte pas la tonalité de la pièce.

Et il se trouvera des critiques assez superficiels pour dire que : le sens théologique des paroles sacrées était indifférent à Beethoven !

Nous ne pouvons entrer ici dans une analyse de
détail, car il faudrait tout citer... Étudions seulement la
partie médiane, le drame. Après l'*Incarnatus*, écrit en
premier ton grégorien, commence l'effrayante montée
au Calvaire. On suit les pas chancelants du Sauveur
portant sa croix, si rudement soulignés par l'orchestre.
Et c'est là que commence à gémir, sous l'archet des
premiers violons, la plus émouvante plainte, la plus
sublime expression de souffrance qui soit jamais sortie
d'un cœur de musicien, plainte plus intense encore que
la mélodie douloureuse de l'œuvre 110, puisqu'il s'agit
ici non plus de la souffrance humaine, mais de celle d'un
Dieu fait homme... — La fugue finale est tout entière
d'une admirable splendeur. Elle exige un mouvement
très lent, car il faut se rappeler ceci, que, lorsque
Beethoven écrit un 3/2 (mesure à trois blanches) ou
même un 6/4 comme par exemple l'ouverture d'*Egmont*, la 20ᵉ variation de l'*op. 120*, le thème religieux du finale de la IXᵉ symphonie, etc., il attache à
cette écriture une signification de majestueuse lenteur ;
il n'y a pas, dans son œuvre, d'exception à cette règle.
Cette fugue, aussi régulière, avec ses *strettes, mouvements contraires* et *diminutions*, que les plus belles
fugues de Bach, est un modèle de magistrale poésie. On
dirait une représentation des joies du ciel, telles que les
comprenaient un Lippi ou un Giovanni da Fiesole. C'est,
en effet, comme une fresque de la belle époque traduite
en musique ; il y faut voir une danse mystique, une
ronde de bienheureux foulant de leurs pieds nus les
fleurettes des parterres célestes. Elle arrive de très loin,
cette ronde majestueuse, on l'entend à peine... Elle
approche, elle est tout près de nous, elle nous enlace

en ses saintes volutes, elle s'éloigne, elle disparaît presque, mais c'est pour revenir bientôt plus nombreuse, plus
enthousiaste, nous emporter dans son tourbillon et s'arrêter enfin, adorante, devant le trône du Tout-Puissant !

Avant de quitter ce *Credo*, il n'est pas inutile de
relever une bizarre critique formulée par quelques historiographes au sujet du verset : *Credo in unam sanctam
catholicam et apostolicam Ecclesiam.* — De ce que les
paroles de ce verset ne sont confiées qu'aux seuls ténors
(ne pas oublier que la *teneur*, ténor, a toujours été la
voix la plus importante du chœur), on en a inféré que
Beethoven aurait « esquivé » cet article *parce qu'il n'y
croyait pas...* La raison nous semble tout autre, car,
d'abord, tous les articles précédents sont traités de la
même manière et l'on ne peut vraiment accuser le spi-
ritualiste Beethoven d'avoir voulu « esquiver » le Saint-
Esprit ! Il faut donc admettre que les critiques ou litté-
rateurs qui ont émis cette opinion, ont lu bien peu de
Messes... sans quoi ils auraient pu observer qu'aussi
bien dans les messes liturgiques de Palestrina et autres
que dans les messes plus modernes (nous entendons
celles où le texte a une action sur la musique), cette
partie du *Credo* est toujours sacrifiée, pour ne pas dire
« esquivée ». Devra-t-on soupçonner Palestrina d'in-
croyance dans les dogmes de l'Église ?... La chose est
beaucoup plus simple. Il suffit de lire un peu attentivement les paroles : « qui est adoré et glorifié en même
temps que le Père et le Fils ; dont les prophètes ont
parlé. Et en une sainte Église catholique et aposto-
lique, etc. » pour voir qu'elles *ne sont pas musicales...*
Ces mots spécialement écrits contre les hérésiarques,
ne se prêtent à aucune envolée lyrique ou dramatique.

On y croit, certes, mais la musique demeure impuissante à y attacher une quelconque expression. Alors, si l'on ne se soucie pas d'en faire le sujet d'un *air* de coupe conventionnelle (ainsi s'en est tiré J.-S. Bach), force est bien d'y employer la psalmodie. Ainsi ont procédé presque tous les compositeurs de messes et Beethoven ne fait pas ici exception.

Dans le *Sanctus*, Beethoven, respectueux de la liturgie catholique et sachant que, durant le mystère de la Consécration, nulle voix ne doit se faire entendre, Beethoven est parvenu, par la puissance de son génie, à sublimer le silence. Ce *Prœludium*, qui laisse à l'officiant le temps de consacrer le pain et le vin, est, à notre sens, une inspiration infiniment plus haute de pensée que le charmant concerto de violon et de voix qui le suit. Ce *Prœludium* est de tous points admirable! Voilà vraiment du grand art *religieux*... et obtenu avec des moyens si simples qu'on en resterait étonné, si l'enthousiasme ne l'emportait pas ici sur l'étonnement.

Arrivons enfin à l'*Agnus Dei*, qui serait la page la plus belle et la plus géniale de l'œuvre, s'il n'y avait pas, auparavant, le *Credo*.

C'est dans cette pièce et dans le prélude pour la Consécration, que le sentiment religieux de Beethoven apparaît le plus clairement. Tout le long début, où l'humanité implore la miséricorde de l'Agneau divin, est d'une beauté encore inégalée dans l'histoire musicale. En l'examinant attentivement, on découvrira combien cette imploration *latine*, c'est-à-dire douée de l'effusion particulièrement catholique, est différente de la prière grecque du *Kyrie*, prière plus ordonnée, il est vrai, à la manière de l'art antique, mais moins affectueuse et

moins pressante. Et si cette prière-là monte, si haletante, vers l'autel de l'Agneau, victime de la Haine,
c'est qu'elle implore de lui la paix : « paix *intérieure* et
« *extérieure* », a écrit Beethoven. Plus de pensées hai-
neuses, plus de luttes intimes ou de profonds décou-
ragements ; le thème de la Paix a jailli, lumineux et
calme, hors du ton indécis de *si mineur*, il nous rend
enfin la tonalité de *ré majeur*, celle de la Foi, celle de
l'Amour, celle dont s'est enveloppée la Charité, dans la
IXᵉ Symphonie. Ce thème revêt un caractère pastoral
qui donne l'impression d'une promenade aux champs...
car la paix n'est point dans la ville, c'est aux ruisseaux
de la vallée, aux arbres de la forêt que le citadin inquiet
va la demander ; car la Paix n'est point dans le monde,
aussi est-ce hors du monde que va la chercher le cœur
de l'Artiste : *Sursum corda!*

Une simple exposition de fugue, tout à fait régulière,
prépare l'éclosion de la Fleur pacifique, de ce thème
affirmatif qui, descendant directement du ciel, témoigne
que l'âme est enfin parvenue à jouir de cette paix tant
désirée. Ce thème de *quatre* mesures n'apparaît dans
l'*Agnus* que quatre fois, mais il est d'une si pénétrante
beauté que l'esprit de l'auditeur reste comme imprégné
de son parfum et en subit encore le charme longtemps
après que la sonorité s'en est évanouie[1].

Tout à coup (hommage rendu au traditionnel *in tem-
pore belli* des messes de Haydn) des tambours et des
clairons lointains annoncent, par deux fois, l'armée de

---

[1] La puissance de pénétration de cette mélodie provient, techni-
quement, de ce fait que, sur les neuf notes qui la constituent, *aucune* n'est
placée sur un degré déjà entendu : le dessin mélodique est donc nouveau en *tous ses éléments*.

MONUMENT COMMÉMORATIF DE BEETHOVEN A VIENNE

la Haine. Et l'âme est de nouveau saisie de crainte ; elle
implore de nouveau ; elle réclame cette paix promise et
à peine entrevue : « Il faut prier, prier, prier[1] » .. Mais
elle ne pourra la conquérir sans se vaincre elle-même. —
Et c'est l'apologie musicale du renoncement chrétien.
— Le thème de paix se transforme ; une lutte s'établit
dans l'âme humaine, au cours de cet extraordinaire
presto d'orchestre où le motif pacifique se livre à lui-
même un combat pour s'abolir enfin dans une victorieuse fanfare. « Par-dessus tout la force de la paix inté-
« rieure... Triomphe ![1] » — Et voilà le point unique d'où
sont tirés tous les arguments qui tendent à faire de la
Missa solemnis une œuvre exclusivement humaine,
dénuée d'esprit religieux : une messe *laïque*... « Quoi ! »
nous dit-on, « une sonnerie militaire, et deux fois
répétée, encore! C'est un opéra; cela n'a rien à voir
avec la religion... » Et il n'en faut pas plus pour faire
coller sur la *Messe en ré* l'étiquette *areligieuse !*... Rai-
sonnement aussi juste que celui qui consisterait à
arguer des chants d'oiseaux de la Symphonie pastorale
pour nier dans cette symphonie le sentiment *intérieur*
de la nature : *Empfindung*, comme dit Beethoven, et
pour en faire une œuvre de description pure. Toujours
l'antique sophisme consistant à prendre la *partie pour le
tout*. Et en quoi, pour parler net, cet épisode d'un appel
de guerre, cédant, après un court mais âpre combat, à
une ardente prière, porterait-il atteinte à l'esprit religieux de la Messe? Mais, cette lutte contre la Haine
intérieure, destructrice de toute paix, lutte que la
IXe Symphonie nous a déjà décrite presque dans les

---

[1] Écrit de la main de Beethoven sur ses esquisses.

mêmes formes musicales, réalise, au contraire, une des plus traditionnelles conditions de la vie chrétienne. Et Beethoven, écrivant au comte Dietrichstein, intendant de la musique impériale : « Il n'est pas nécessaire de « suivre l'usage habituel lorsqu'il s'agit d'une sincère ado- « ration de Dieu », ne convient-il pas lui-même que, si la *Messe en ré* n'est pas liturgique, elle a, du moins, été dictée par l'esprit religieux le plus indiscutable? L'épi- sode à propos duquel nous venons de faire cette digres- sion n'est donc autre chose que le vivant commentaire des paroles ; l'angoissant : « Aie pitié de nous !... de nous que les démons de la Haine assaillent de tous côtés », cède au confiant appel : « Donne la paix à notre âme ! »

Et c'est, en effet, la Paix qui s'impose à nouveau. La douce et joyeuse Paix grandit comme une plante mer- veilleuse, et, tout en haut de sa tige, tandis qu'au loin, les tambours battent la retraite des esprits du Mal, s'épanouit une dernière fois l'éclatante floraison des quatre mesures incomparables, qui semble exhaler vers le ciel le parfum d'action de grâces de l'âme recon- naissante. Est-il rien de plus beau, dans toute la Musique ?... Et, pour exprimer la Paix conquise avec l'aide de Dieu peut-on imaginer plus sublime hommage d'un créateur humain à son divin Créateur ?

Au temps présent, où la *mode* prescrit à ceux qui sont attelés à son char une légitime adulation pour les modernes, mais aussi un injuste et systématique déni- grement des anciens maîtres, en ce commencement de siècle où l'on tente de reléguer dans la vitrine aux sou- venirs l'art et la redingote de Beethoven, comme on y a déjà catalogué la perruque d'Haydn, comme on y voudrait enfermer le drame wagnérien, nous ne pouvons mieux conclure cette étude qu'en citant ici la belle apostrophe de M. Suarès sur le *Colleone* de Verocchio, citation qui peut tout aussi bien s'appliquer à la figure de Beethoven : « Il n'y a rien de commun », écrit M. Suarès[1], « entre ce héros passionné, fier, croyant, d'une grâce aiguë dans la violence, et le troupeau médiocre qui bavarde à ses pieds, ni les Barbares qui lèvent leur nez pointu en sa présence. Il est seul de son espèce. Personne ne le vaut, et il ne s'en flatte pas. Il jette par-dessus l'épaule un regard de faucon à tout ce qui l'entoure, un regard qui tournoie en cercle sur la tête de ces pauvres gens, comme l'épervier d'aplomb sur les poules. Qu'ils tournent, eux, autour de son socle, ou passent sans le voir. Lui, il a vécu et il vit! »

Oui, certes, il vit, notre grand Beethoven. Ses chefs-d'œuvre, enfantés dans la douleur, selon la loi biblique, l'ont conduit, à travers tristesses et souffrances comme il disait lui-même, jusqu'à la possession de la joie intérieure sur cette terre, jusqu'à la Paix des âmes bienheureuses qu'il avait chantée avec tant d'amour dans son sublime *Credo*.

Puisse son exemple nous être profitable et le culte de son Art faire régner parmi nous la douce Paix et la féconde Charité.

27 Mars 1911.

[1] Suarès. *Voyage du condottière vers Venise*. E. Cornély et Cⁱᵉ, éd.

LISTE MÉTHODIQUE ET CHRONOLOGIQUE

DE

L'ŒUVRE DE BEETHOVEN

Œuvres de jeunesse (1782 à 1793)

Années.	ORCHESTRE	Op.	MUSIQUE DE CHAMBRE	Op.	PIANO (Orgue — Harpe)	Op.	LIEDER	Op.
1782					Variationa sur une marche de Dressler. 7 Bagatelles, 1re version de l'op. 33 (Voir 1802).			
1783					Menuet, MI♭. Rondeau, UT. 3 Sonates, MI♭, Fa, RÉ. Fugue à 2 sujets pour Orgue.		Schilderung eines Mäd-chen.	
1784	Concerto pour piano, MI♭ (inachevé).				2 Sonatines, SOL, FA (?) Rondeau, LA (?)		An einem Saügling.	
1785			3 Quatuors, pour piano, violon, alto, violoncelle, MI♭, RÉ, UT (esquisses).					
1786			Trio pour piano, flûte et basson.		Prélude, Fa.		Elégie sur la mort d'un bar-bet.	

1788	Concerto pour piano, RÉ (1er mouvement). Concerto pour piano, UT (inachevé).	Quintetto pour 2 violons, 2 altos et violoncelle (inachevé).		
1790	Cantate sur la mort de l'empereur Joseph II. Ballet chevaleresque, sur un livret du comte Waldstein. Cantate pour l'avènement de l'empereur Léopold II.	Sextuor pour 2 cors, 2 violons, alto et violoncelle. 1re version de l'op. 81b (Voir 1809). Rondino pour 2 hautbois, 2 clarinettes, 2 cors, 2 bassons.	Variations sur un air de Righini. 2 Préludes pour Orgue . . [39]	Punschlied. Die Klage. Der freie Mann. 1re version (Voir 1797). 2 Airs. Die schöne Schusterin. 2 Airs. Prüfung des Küsses.
1791		3 Trios pour piano, violon, violoncelle, SI b, MI b. Trio pour violon, alto et violoncelle. 1re version de l'op. 3 (Voir 1796).		
1792		Allegro et Menuet pour 2 flûtes (?). Marche pour 2 clarinettes, 2 cors, 2 bassons. Sonate pour piano et flûte. Rondeau pour piano et violon, SOL. Ottetto pour 2 hautbois, 2 clarinettes, 2 cors, 2 bassons, op. 4 (Voir 1797). Variations pour piano et violon, sur un thème des Nozze, de Mozart. Variations pour piano, violon, violoncelle, MI b, sur un thème original. [103]	Variations sur un thème du Chaperon rouge, de Dittersdorf. Variations à 4 mains sur un thème du comte Waldstein.	Ich, der bisher ein Feind der Liebe war . . . . . Feuerfarbe. Urians Reise. [52]

NOTA. — Les œuvres marquées : (?), sont celles dont l'attribution est incertaine. — La chronologie des œuvres a été établie d'après les dates où celles-ci ont été achevées, et non d'après les années où elles ont été éditées.

Première Période (1793 à 1801)

Années.	ORCHESTRE	Op.	MUSIQUE DE CHAMBRE	Op.	PIANO	Op.	LIEDER	Op.
1793			3 *Trios* pour piano, violon et violoncelle, au prince Lichnowsky	1				
1794	*Concerto* pour piano, SI♭. 1ʳᵉ version de l'op. 19 (Voir 1800). *Rondeau* pour piano, SI♭ (inachevé).				*Menuet*, LA♭. *Variations* sur le quintette de la *Molinara* de Paisiello.		*Opferlied* (Matthison), 1ʳᵉ version.	
1795	12 *Menuets.* 12 *Allemandes.* 6 *Menuets.*				*Variations* sur le duo de la *Molinara* de Paisiello (Nel cor più non mi sento). *Variations* sur un menuet des *Nozze disturbate*, de Haibl. 3 *Sonates, Fa,* LA, UT, à Haydn . . . *Sonatine*, UT, à Eléonore de Breuning (inachevée).	2		
1796			*Trio* pour violon, alto et violoncelle. 2ᵉ version (Voir 1791) . . . . 2 *Sonates* pour piano et violoncelle, FA, SOL . . . *Sérénade* pour violon, alto et violoncelle. *Variations* pour piano et violoncelle sur la Marche de *Judas Macchabée*, de Haendel. *Sextuor* pour 2 cors, 2 violons, alto et violoncelle. 1ʳᵉ version de l'op. 81 b (Voir 1809). 3 *Duos* pour clarinette et basson. *Sonatine* pour piano et mandoline.	3 5 8	*Variations* sur une danse russe de la *Waldmädchen*, de Branitzky. 7 *Danses villageoises.* *Sonate* à 4 mains, RE . . . *Sonate*, MI♭, à Babette de Keglevich . . . *Sonate*, SOL . . . *Rondeau*, UT . . .	6 7 49² 51¹	*Adélaïde* (Matthison) . . . *Seufzer eines Ungeliebten und Gegenliebe* (Bürger). *Abschiedsgesang an Wien's Bürger*, trio. *Ah ! perfido spergiuro*, scène et air . . .	46 65

Année	No.	Œuvre	No.	Œuvre	No.	Variations et Sonates	Lieder
....	15	1er Concerto pour piano. Ut	4	Quintetto pour 2 violons, 2 altos, violoncelle. Arrangement original de l'Ottetto op. 103 (Voir 1792).		Variations pour Harpe, sur un thème suisse.	Opferlied (Matthison), 2e version.
			16	Quintetto pour piano, hautbois, clarinette, basson et cor. Mi♭. (Transcription originale pour piano, violon, alto et violoncelle).			Kriegslied der Œsterreicher, solo et chœur.
			9	3 Trios pour violon, alto, violoncelle.			Gretel's Warnung (Goethe) 1re version de l'op. 75[4] (Voir 1809).
			66	Variations pour piano et violoncelle, sur un thème de la Flûte enchantée, de Mozart.			Der freie Mann, 2e version (Voir 1790).
			71	Sextuor pour 2 clarinettes, 2 cors, 2 bassons.			La Partenza (Metastasio).
			87	Trio pour 2 hautbois et cor anglais.			
1798			11	Trio pour piano, clarinette et violoncelle, SI♭.		Variations sur « Une fièvre brûlante », de Grétry.	Ich denke dein (Andenken).
			12	3 Sonates pour piano et violon, RÉ, LA, MI♭, à Salieri.		Variations sur le quatuor du Sacrifice interrompu, de Winter.	Ich liebe dich (?)
						Variations sur un thème de Falstaff, de Salieri.	
						Variations sur un trio de Süssmayer.	
					10	3 Sonates, Ut, FA, RÉ.	
					13	Sonate. Ut (pathétique)	
					14	2 Sonates, MI♭, SOL.	
1799	21	1re Symphonie, UT, au baron van Swieten.	18	6 Quatuors pour 2 violons, alto et violoncelle, au prince Lobkowitz.	49'	Sonate, Sol.	
			20	Grand septuor pour clarinette, cor, basson, violon, alto, violoncelle, contrebasse.			
1800	19	(2e) Concerto pour piano, SI♭. 2e version (Voir 1794).	17	Sonate pour piano et cor.	22	Sonate, SI♭.	
	37	3e Concerto pour piano, Ut.				Variations à 4 mains sur le thème du lied : Andenken.	
	43	Les Créatures de Prométhée, ballet.			51[2]	Rondeau, SOL.	

Deuxième Période (1801 à 1815)

Années	ORCHESTRE	Op.	MUSIQUE DE CHAMBRE	Op.	PIANO	Op.	LIEDER	Op.
1801			Sonate pour piano et violon. La ... Sonate pour piano et violon, FA. Sérénade pour flûte, violon et alto. (2° Ondecteto pour 2 violons, alto et violoncelle . . .)	23 24 25 29	Sonate, RÉ (pastorale) Sonate, LA ? . . . Sonate, quasi fantasia, MI ?. Sonate, quasi fantasia, UT ?, à Julietta (Guicciardi) . . .	28 26 27¹ 27²	Canon: Lob auf den Dicken, à Schuppanzigh. Wachtelschlag (L'alouette).	32?
1802	2ᵉ Symphonie, RÉ, au prince Lichnowsky Le Christ au mont des Oliviers, oratorio . . .	36 85	3 Sonates pour piano et violon, à l'empereur Alexandre 6 Danses villageoises pour 2 violons et violoncelle (? Contredanses pour 2 violons et violoncelle.) Sonate pour piano et flûte, d'après la Sérénade, op. 25.	30 41	Sonate, SOL . . . Sonate, RÉ . 1ᵉ version 7 Bagatelles . . . Variations (mélodistes) sur un thème original Variations et fugue sur un thème du ballet Prométhée, op. 43.	31¹ 31² 33 34 35	An die Hoffnung (Tiedge). 6 Cantiques spirituels (Gellert). Das Glück der Freundschaft. Tremate empi, trio . . .	32 48 88 116
1803	Romance pour violon, SOL. Romance pour violon, FA.	40 50	Sonate pour piano et violon, à Kreutzer Notturno pour piano et alto, d'après la Sérénade, op. 8. Variations pour piano, violon et violoncelle, MI ?.	47 42 44	Sonate, MI ?. Marche de l'empereur Alexandre (?) 3 Marches à 4 mains Variations sur le God save the King. Variations sur Rule Britannia.			21 ?
1804	3ᵉ Symphonie, MI ?, Héroïque . . .	55			Sonate, FA (appassionata) Sonate, UT (Waldstein) Andante, FA, extrait de l'op. 53. Sonate, FA.	57 53 54		
1805	Fidelio (Léonore), opéra en 3 actes (Bouilly), 1ᵉ version. Ouverture de Léonore, UT, n° 1. Triple Concerto pour piano, violon, violoncelle. 4ᵉ Concerto pour piano, SOL.	72 138 56 58						
1806	Ouverture de Léonore, UT, n° 2. 4ᵉ Symphonie, SI ?, au comte d'Oppersdorf Concerto pour violon . . .	72 60 61	3 Quatuors, pour 2 violons, alto, violoncelle, FA, MI, UT, au prince Rasoumowsky	59	33 Variations, UT, sur un thème original . . .	39	Als die Geliebte (Lydien. Untreue)	
1807	Concerto pour piano, RÉ (transcription originale de l'opéra 61) Ouverture de Coriolan. Ouverture de Léonore, UT, n° 3. Messe en UT . . .	61 62 72 86	Transcription en trio du quintette, op. 4. Transcription en trio avec piano, du trio, op. 3.	63 64			Sehnsucht (Goethe), à 4 versions du même poème. In questa tomba oscura.	

Année	No	Œuvre	No	Œuvre	No	Œuvre	No	Œuvre
1808	67 68 80	5e Symphonie, Ut, au prince Lobkowitz et au comte Razoumowsky. 6e Symphonie, FA (Pastorale), au prince Lobkowitz et au comte Razoumowsky. Fantaisie pour piano, orchestre et chœurs.	69 70	Sonate pour piano et violoncelle, LA. 2 Trios pour piano, violon et violoncelle, à la comtesse d'Erdödy.				
1809	73	5e Concerto pour piano, MIb.	74 81b	10e Quatuor, pour 2 violons, alto, violoncelle, au prince Lobkowitz. Sextuor, pour 2 cors, 2 violons, alto et violoncelle. 2e version (Voir, 1796).	76 77 79 78 81a	Variations, RÉ (1re esquisse de la Marche des Ruines d'Athènes). Fantaisie. Sonate, SOL. Sonate, FA#, à la comtesse de Brunsvik. Sonate, MIb. (l'adieu, l'absence, le retour), à l'archiduc Rodolphe.	75 82 83 122	6 Lieder (Goethe et Reissiger). L'amante impatiente, 4 arietten et un duo. 3 Lieder (Gœthe). Lied aus der Ferne. Die laute Klage. Der Liebende. Gedenke mein. Der Jüngling in der Fremde.
1810	84	Egmont, ouverture, lieder, entr'actes et musique de scène pour la tragédie de Gœthe. 9 Marches pour musique militaire, FA, à l'archiduc Antoine. Polonaise, pour musique militaire.	95	11e Quatuor, pour 2 violons, alto, violoncelle, à Zmeskall de Domanowetz.				An die Geliebte; 2 versions.
1811	113 114 117	Ouverture des Ruines d'Athènes. Les Ruines d'Athènes; musique de scène pour la pièce de Kotzebue. Le Roi Étienne, ouverture et musique de scène pour la pièce de Kotzebue.	97	Trio, pour piano, violon et violoncelle, SIb, à l'archiduc Rodolphe.				
1812	92 93	7e Symphonie, LA, au comte Fries. 8e Symphonie, FA.	96	Trio (en 1 mouvement), à ma petite amie (Maximilienne Brentano). Sonate pour piano et violon. SOL. Equali, 2 pièces pour 4 trombones (pour la fête de la Toussaint).				
1813	91	Marche pour Turpeix, de Kuffner. La victoire de Wellington à Vittoria.		6 allemandes, pour piano et violon.				
1814	72 115 136	Fidelio, opéra, remanié en 2 actes, 2e version. Ouverture de Fidelio, MI. Ouverture zum Namensfeier, pour la fête de l'Empereur. Mélodrame pour Prohaska. La Renaissance de l'Allemagne, cantate à 4 voix. Le Moment glorieux, cantate avec chœurs, pour le Congrès de Vienne. Chant élégiaque, pour 4 voix et quatuor d'orchestre. A la mémoire de la baronne Pasqualati.	118 89 90	3 Duos pour clarinette et basson. Polonaise, UT. Sonate, MI, au comte Lichnowsky.			100	Ihr, weise Gründer, chœur. Gute Nachricht. Krieger's Abschied. Abschiedsgesang, à Tuscher. Merkenstein, duo. Cantata campestre. Un lieto brindisi, pour 4 voix, à Malfatti. Canon : Kurz ist der Schmerz. 2e version. Canon : Kurz ist der Schmerz. 1e version. Der Bardiengeist.

Troisième Période (1815 à 1827)

Années	ORCHESTRE	Op.	MUSIQUE DE CHAMBRE	Op.	PIANO	Op.	LIEDER	Op.
1815	Le calme de la mer, chœur. Tout est consommé, chœur pour le poème de Treitschke.	112	2 Sonates pour piano et violoncelle à la comtesse d'Erdödy. Transcription originale p^r quintette à cordes du Trio op. 1, n° 3.	102 104			An die Hoffnung . . . . . 25 mélodies écossaises, avec piano, violon et violoncelle. Schnsucht (Die stille Nacht). Das Geheimniss. 2 Canons: Das Reden. . . . . Das Schweigen.	94 108
1816	Cantate pour le prince Lobkowitz. 2 Marches pour musique militaire, RÉ.				Sonate, LA; à la baronne Ertmann	101	Ruf vom Berge. 6 Lieder (Liederkreis) An die ferne Geliebte . . . . . Der Mann von Wort.	98 99
1817			Fugue en quintette, pour 2 violons, 2 altos et violoncelle.	137			So oder so, Nord oder Süd. Chant des Moines, chœur de Guillaume Tell, de Schiller, à la mémoire de Krumpholz. Résignation. Canon: Ta, ta, ta, à Maelzel (Voir la 8e symphonie.)	
1818					Andante SI♭ (nommé: Dernière pensée, par Schlesinger). Sonate. SI♭, à l'archiduc Rodolphe.	106	O Hoffnung, chœur. 12 Volkslieder, à 3 voix. Canon: Ich bin bereit.	
1819					6 thèmes variés, avec flûte ad lib. (O chants populaires variés, écossais, &c.) avec flûte ab lib.	105	Glaube und hoffe - cantate, à Schlesinger. Auf! Freunde, à Gian. del Rio. (Lied nuptial.) Canon: Glück zum neuen Jahr, à Madame d'Erdödy.	105 107
1820					12 Bagatelles (faciles) pour Starke. Sonate, MI, à Maximilienne Brentano	119 109	Abendlied. Canon: Alles Gute, à l'archiduc Rodolphe. Hoffmann. Sanct Petrus ist ein Fels, à Peters.	119 109
1821					Sonate, LA♭	110	Canon: O Tobias, à Haslinger.	110

Année				
1822	Messe solennelle, en RÉ; à l'archiduc Rodolphe . . . 123 Ouverture: Zur Weihe des Hautes . . . . 124 Gratulation's Menuett.		Sonate, Ut, à l'archiduc Rodolphe . . . . 111 6 Bagatelles . . . . 126 Rondeau, SOL. (Le sou perdu) 129	Der Kuss (Weisse) 128
1823	9e Symphonie, Ré, avec chœurs; à Fr. Guillaume III, roi de Prusse 125	Variations pour piano, violon et violoncelle, sur un thème des Serva de Prague, de Müller . . . 121.	33 variations sur une valse de Diabelli 120	Opferlied (Matthison); 2e version (voir 1794 et 1797), pour soprano, chœur et instruments à vent . . . . 121 Canon: *Edel sei der Mensch* (Goethe), à 6 voix. » *Falstafferel*, pour 3 voix, à Schuppanzigh. » *Ich bitte dich*, à Hauschka. » *Bester Graf sei sind ein Schaf*, au comte Lichnowsky. » *Te solo adoro.* » *Bundeslied*, à 2 voix.
1824		XIe Quatuor, pour 2 violons, alto, violoncelle, au prince Galitzin 127		
1825		XIIe Quatuor, pour 2 violons, alto, violoncelle, au prince Galitzin . . . . 132 XIIIe Quatuor, pour 2 violons, alto, violoncelle, au prince Galitzin . . . . 130 Grande fugue, pour 3 violons, alto, violoncelle, à l'archiduc Rodolphe . . . . 133 Transcription originale p^r piano à 4 mains, de la Grande fugue, op. 133 . . 134		Canon : *Schwenke.* » *Bogen.* » *Signor abbate.* » *Ewig dein.* » *Freue dich des Lebens.* » *Doktor, sperri des Thor dem Tod.* » *Kühl nicht lau.* » *Si non per portas.* » *Ars longa.* » *Wir irren alle.*
1826		XIVe Quatuor, pour 2 violons, alto, violoncelle, au baron de Stutterheim . . . . 131 XVe Quatuor, pour 2 violons, alto, violoncelle, à Johann Wolfmaier . . . . 135 Andante SOL, extrait des esquisses d'un quintetto.		

TABLE DES GRAVURES

TABLE DES MATIÈRES

ÉVREUX, IMPRIMERIE CH. HÉRISSEY, PAUL HÉRISSEY, SUCC^r

Music and Books published by Travis & Emery Music Bookshop:
Anon.: Hymnarium Sarisburiense, cum Rubricis et Notis Musicis.
Agricola, Johann Friedrich from Tosi: Anleitung zur Singkunst.
Bach, C.P.E.: edited W. Emery: Nekrolog or Obituary Notice of J.S. Bach.
Bateson, Naomi Judith: Alcock of Salisbury
Bathe, William: A Briefe Introduction to the Skill of Song
Bax, Arnold: Symphony #5, Arranged for Piano Four Hands by Walter Emery
Burney, Charles: The Present State of Music in France and Italy
Burney, Charles: The Present State of Music in Germany, The Netherlands …
Burney, Charles: An Account of the Musical Performances ... Handel
Burney, Karl: Nachricht von Georg Friedrich Handel's Lebensumstanden.
Cobbett, W.W.: Cobbett's Cyclopedic Survey of Chamber Music. (2 vols.)
Corrette, Michel: Le Maitre de Clavecin
Crimp, Bryan: Dear Mr. Rosenthal … Dear Mr. Gaisberg …
Crimp, Bryan: Solo: The Biography of Solomon
d'Indy, Vincent: Beethoven: Biographie Critique
d'Indy, Vincent: Beethoven: A Critical Biography
d'Indy, Vincent: César Franck (in French)
Frescobaldi, Girolamo: D'Arie Musicali per Cantarsi. Primo & Secondo Libro.
Geminiani, Francesco: The Art of Playing the Violin.
Handel; Purcell; Boyce; Geene et al: Calliope or English Harmony: Volume First.
Hawkins, John: A General History of the Science and Practice of Music (5 vols.)
Herbert-Caesari, Edgar: The Science and Sensations of Vocal Tone
Herbert-Caesari, Edgar: Vocal Truth
Hopkins and Rimboult: The Organ. Its History and Construction.
Hunt, John: Adam to Webern: the recordings of von Karajan
Isaacs, Lewis: Hänsel and Gretel. A Guide to Humperdinck's Opera.
Isaacs, Lewis: Königskinder (Royal Children) A Guide to Humperdinck's Opera.
Lacassagne, M. l'Abbé Joseph : Traité Général des élémens du Chant.
Lascelles (née Catley), Anne: The Life of Miss Anne Catley.
Mainwaring, John: Memoirs of the Life of the Late George Frederic Handel
Malcolm, Alexander: A Treaty of Music: Speculative, Practical and Historical
Marx, Adolph Bernhard: Die Kunst des Gesanges, Theoretisch-Practisch
May, Florence: The Life of Brahms
Mellers, Wilfrid: Angels of the Night: Popular Female Singers of Our Time
Mellers, Wilfrid: Bach and the Dance of God
Mellers, Wilfrid: Beethoven and the Voice of God

Travis & Emery Music Bookshop
17 Cecil Court, London, WC2N 4EZ, United Kingdom.
Tel. (+44) 20 7240 2129

Music and Books published by Travis & Emery Music Bookshop:

Mellers, Wilfrid: Caliban Reborn - Renewal in Twentieth Century Music
Mellers, Wilfrid: François Couperin and the French Classical Tradition
Mellers, Wilfrid: Harmonious Meeting
Mellers, Wilfrid: Le Jardin Retrouvé, The Music of Frederic Mompou
Mellers, Wilfrid: Music and Society, England and the European Tradition
Mellers, Wilfrid: Music in a New Found Land: ... ... American Music
Mellers, Wilfrid: Romanticism and the Twentieth Century (from 1800)
Mellers, Wilfrid: The Masks of Orpheus: ...... the Story of European Music.
Mellers, Wilfrid: The Sonata Principle (from c. 1750)
Mellers, Wilfrid: Vaughan Williams and the Vision of Albion
Panchianio, Cattuffio: Rutzvanscad Il Giovine
Pearce, Charles: Sims Reeves, Fifty Years of Music in England.
Playford, John: An Introduction to the Skill of Musick.
Purcell, Henry et al: Harmonia Sacra ... The First Book, (1726)
Purcell, Henry et al: Harmonia Sacra ... Book II (1726)
Quantz, Johann: Versuch einer Anweisung die Flöte traversiere zu spielen.
Rameau, Jean-Philippe: Code de Musique Pratique, ou Methodes.
Rastall, Richard: The Notation of Western Music.
Rimbault, Edward: The Pianoforte, Its Origins, Progress, and Construction.
Rousseau, Jean Jacques: Dictionnaire de Musique
Rubinstein, Anton : Guide to the proper use of the Pianoforte Pedals.
Sainsbury, John S.: Dictionary of Musicians. Vol. 1. (1825). 2 vols.
Simpson, Christopher: A Compendium of Practical Musick in Five Parts
Spohr, Louis: Autobiography
Spohr, Louis: Grand Violin School
Tans'ur, William: A New Musical Grammar; or The Harmonical Spectator
Terry, Charles Sanford: Four-Part Chorals of J.S. Bach. (German & English)
Terry, Charles Sanford: Joh. Seb. Bach, Cantata Texts, Sacred and Secular.
Terry, Charles Sanford: The Origins of the Family of Bach Musicians.
Tosi, Pierfrancesco: Opinioni de' Cantori Antichi, e Moderni
Van der Straeten, Edmund: History of the Violoncello, The Viol da Gamba ...
Van der Straeten, Edmund: History of the Violin, Its Ancestors... (2 vols.)
Walther, J. G.: Musicalisches Lexikon ober Musicalische Bibliothec

Travis & Emery Music Bookshop
17 Cecil Court, London, WC2N 4EZ, United Kingdom.
Tel. (+44) 20 7240 2129

© Travis & Emery 2009

Discographies by Travis & Emery:
Discographies by John Hunt.

1987: 978-1-906857-14-1: From Adam to Webern: the Recordings of von Karajan.

1991: 978-0-951026-83-0: 3 Italian Conductors and 7 Viennese Sopranos: 10 Discographies: Arturo Toscanini, Guido Cantelli, Carlo Maria Giulini, Elisabeth Schwarzkopf, Irmgard Seefried, Elisabeth Gruemmer, Sena Jurinac, Hilde Gueden, Lisa Della Casa, Rita Streich.

1992: 978-0-951026-85-4: Mid-Century Conductors and More Viennese Singers: 10 Discographies: Karl Boehm, Victor De Sabata, Hans Knappertsbusch, Tullio Serafin, Clemens Krauss, Anton Dermota, Leonie Rysanek, Eberhard Waechter, Maria Reining, Erich Kunz.

1993: 978-0-951026-87-8: More 20th Century Conductors: 7 Discographies: Eugen Jochum, Ferenc Fricsay, Carl Schuricht, Felix Weingartner, Josef Krips, Otto Klemperer, Erich Kleiber.

1994: 978-0-951026-88-5: Giants of the Keyboard: 6 Discographies: Wilhelm Kempff, Walter Gieseking, Edwin Fischer, Clara Haskil, Wilhelm Backhaus, Artur Schnabel.

1994: 978-0-951026-89-2: Six Wagnerian Sopranos: 6 Discographies: Frieda Leider, Kirsten Flagstad, Astrid Varnay, Martha Moedl, Birgit Nilsson, Gwyneth Jones.

1995: 978-0-952582-70-0: Musical Knights: 6 Discographies: Henry Wood, Thomas Beecham, Adrian Boult, John Barbirolli, Reginald Goodall, Malcolm Sargent.

1995: 978-0-952582-71-7: A Notable Quartet: 4 Discographies: Gundula Janowitz, Christa Ludwig, Nicolai Gedda, Dietrich Fischer-Dieskau.

1996: 978-0-952582-72-4: The Post-War German Tradition: 5 Discographies: Rudolf Kempe, Joseph Keilberth, Wolfgang Sawallisch, Rafael Kubelik, Andre Cluytens.

1996: 978-0-952582-73-1: Teachers and Pupils: 7 Discographies: Elisabeth Schwarzkopf, Maria Ivoguen, Maria Cebotari, Meta Seinemeyer, Ljuba Welitsch, Rita Streich, Erna Berger.

1996: 978-0-952582-77-9: Tenors in a Lyric Tradition: 3 Discographies: Peter anders, Walther Ludwig, Fritz Wunderlich.

1997: 978-0-952582-78-6: The Lyric Baritone: 5 Discographies: Hans Reinmar, Gerhard Huesch, Josef Metternich, Hermann Uhde, Eberhard Waechter.

1997: 978-0-952582-79-3: Hungarians in Exile: 3 Discographies: Fritz Reiner, Antal Dorati, George Szell.

1997: 978-1-901395-00-6: The Art of the Diva: 3 Discographies: Claudia Muzio, Maria Callas, Magda Olivero.

1997: 978-1-901395-01-3: Metropolitan Sopranos: 4 Discographies: Rosa Ponselle, Eleanor Steber, Zinka Milanov, Leontyne Price.

1997: 978-1-901395-02-0: Back From The Shadows: 4 Discographies: Willem Mengelberg, Dimitri Mitropoulos, Hermann Abendroth, Eduard Van Beinum.

1997: 978-1-901395-03-7: More Musical Knights: 4 Discographies: Hamilton Harty, Charles Mackerras, Simon Rattle, John Pritchard.

1998: 978-1-901395-94-5: Conductors On The Yellow Label: 8 Discographies: Fritz Lehmann, Ferdinand Leitner, Ferenc Fricsay, Eugen Jochum, Leopold Ludwig, Artur Rother, Franz Konwitschny, Igor Markevitch.

1998: 978-1-901395-95-2: More Giants of the Keyboard: 5 Discographies: Claudio Arrau, Gyorgy Cziffra, Vladimir Horowitz, Dinu Lipatti, Artur Rubinstein.

1998: 978-1-901395-96-9: Mezzo and Contraltos: 5 Discographies: Janet Baker, Margarete Klose, Kathleen Ferrier, Giulietta Simionato, Elisabeth Hoengen.

1999: 978-1-901395-97-6: The Furtwaengler Sound Sixth Edition: Discography and Concert Listing.

1999: 978-1-901395-98-3: The Great Dictators: 3 Discographies: Evgeny Mravinsky, Artur Rodzinski, Sergiu Celibidache.

1999: 978-1-901395-99-0: Sviatoslav Richter: Pianist of the Century: Discography.

2000: 978-1-901395-04-4: Philharmonic Autocrat 1: Discography of: Herbert Von Karajan [Third Edition].

2000: 978-1-901395-05-1: Wiener Philharmoniker 1 - Vienna Philharmonic and Vienna State Opera Orchestras: Discography Part 1 1905-1954.

2000: 978-1-901395-06-8: Wiener Philharmoniker 2 - Vienna Philharmonic and Vienna State Opera Orchestras: Discography Part 2 1954-1989.

2001: 978-1-901395-07-5: Gramophone Stalwarts: 3 Separate Discographies: Bruno Walter, Erich Leinsdorf, Georg Solti.

2001: 978-1-901395-08-2: Singers of the Third Reich: 5 Discographies: Helge Roswaenge, Tiana Lemnitz, Franz Voelker, Maria Mueller, Max Lorenz.

2001: 978-1-901395-09-9: Philharmonic Autocrat 2: Concert Register of Herbert Von Karajan Second Edition.

2002: 978-1-901395-10-5: Sächsische Staatskapelle Dresden: Complete Discography.

2002: 978-1-901395-11-2: Carlo Maria Giulini: Discography and Concert Register.

2002: 978-1-901395-12-9: Pianists For The Connoisseur: 6 Discographies: Arturo Benedetti Michelangeli, Alfred Cortot, Alexis Weissenberg, Clifford Curzon, Solomon, Elly Ney.

2003: 978-1-901395-14-3: Singers on the Yellow Label: 7 Discographies: Maria Stader, Elfriede Troetschel, Annelies Kupper, Wolfgang Windgassen, Ernst Haefliger, Josef Greindl, Kim Borg.

2003: 978-1-901395-15-0: A Gallic Trio: 3 Discographies: Charles Muench, Paul Paray, Pierre Monteux.

2004: 978-1-901395-16-7: Antal Dorati 1906-1988: Discography and Concert Register.

2004: 978-1-901395-17-4: Columbia 33CX Label Discography.

2004: 978-1-901395-18-1: Great Violinists: 3 Discographies: David Oistrakh, Wolfgang Schneiderhan, Arthur Grumiaux.

2006: 978-1-901395-19-8: Leopold Stokowski: Second Edition of the Discography.

2006: 978-1-901395-20-4: Wagner Im Festspielhaus: Discography of the Bayreuth Festival.

2006: 978-1-901395-21-1: Her Master's Voice: Concert Register and Discography of Dame Elisabeth Schwarzkopf [Third Edition].

2007: 978-1-901395-22-8: Hans Knappertsbusch: Kna: Concert Register and Discography of Hans Knappertsbusch, 1888-1965. Second Edition.

2008: 978-1-901395-23-5: Philips Minigroove: Second Extended Version of the European Discography.

2009: 978-1-901395--24-2: American Classics: The Discographies of Leonard Bernstein and Eugene Ormandy.

Discography by Stephen J. Pettitt, edited by John Hunt:

1987: 978-1-906857-16-5: Philharmonia Orchestra: Complete Discography 1945-1987

Available from: Travis & Emery at 17 Cecil Court, London, UK. (+44) 20 7 240 2129. email on sales@travis-and-emery.com .

© Travis & Emery 2009

www.ingramcontent.com/pod-product-compliance
Lightning Source LLC
Chambersburg PA
CBHW060742100426
42813CB00027B/3027